基金项目：

2020年黑龙江省社科研究规划扶持共建项目(项目编号:20JYE270)："一带一路"倡议下中国东北与俄罗斯东部地区经济合作研究

2021年黑龙江省高校基本科研业务费黑龙江大学专项资金项目（项目编号：2021-KYYWF-0082）：双循环新发展格局下中国东北地区振兴路径选择与对策研究 ——基于与俄罗斯东部地区产能合作视角

中国东北地区与俄罗斯东部地区经济合作研究

李　艳◎著

中国财经出版传媒集团

经济科学出版社

Economic Science Press

图书在版编目（CIP）数据

中国东北地区与俄罗斯东部地区经济合作研究/李
艳著．－－北京：经济科学出版社，2022.8
ISBN 978 - 7 - 5218 - 3800 - 8

Ⅰ．①中…　Ⅱ．①李…　Ⅲ．①区域经济合作 - 国际合
作 - 研究 - 东北地区、俄罗斯　Ⅳ．①F127.3
②F151.254

中国版本图书馆 CIP 数据核字（2022）第 112992 号

责任编辑：周国强
责任校对：郑淑艳
责任印制：张佳裕

中国东北地区与俄罗斯东部地区经济合作研究
李　艳　著
经济科学出版社出版、发行　新华书店经销
社址：北京市海淀区阜成路甲 28 号　邮编：100142
总编部电话：010 - 88191217　发行部电话：010 - 88191522
网址：www. esp. com. cn
电子邮箱：esp@ esp. com. cn
天猫网店：经济科学出版社旗舰店
网址：http：//jjkxcbs. tmall. com
固安华明印业有限公司印装
710 × 1000　16 开　12.5 印张　200000 字
2022 年 8 月第 1 版　2022 年 8 月第 1 次印刷
ISBN 978 - 7 - 5218 - 3800 - 8　定价：68.00 元
（图书出现印装问题，本社负责调换。电话：010 - 88191510）
（版权所有　侵权必究　打击盗版　举报热线：010 - 88191661
QQ：2242791300　营销中心电话：010 - 88191537
电子邮箱：dbts@ esp. com. cn）

前　言

中国东北地区是重工业基础雄厚、资源丰富的传统老工业基地，在全国经济体系中占有重要战略地位。然而近年来，中国东北地区受历史、地域等因素影响逐渐面临资源枯竭、产能过剩、经济增长动力不足、经济严重衰退等问题，尤其是东北地区经济外向型明显不足。新时期东北地区的发展必须以国内大循环为主体、加快形成国内国际双循环相互促进的新发展格局，发挥地缘优势，积极参与国际分工，提升对外开放水平，开展与周边地区的经济合作，进一步加快东北振兴的步伐。

中国与俄罗斯是当今世界具有举足轻重地位的两个大国，推动中国东北地区与俄罗斯东部地区经济合作是中俄两国经济合作的主要方向。中国东北地区与俄罗斯东部地区地理位置相邻，经济充分互补，实现战略对接、相互融合，既符合区域经济发展的客观规律，也符合两国共同利益，同时可促进新时代中俄全面战略协作伙伴关系的巩固。基于此，本书以区域经济合作理论为基础，对中国东北地区与俄罗斯东部地区经济合作发展现状进行全面分析，提出中国东北地区与俄罗斯东部地区经济合作的基础和制约因素，最后借鉴世界主要次区域经济合作的经验提出中国东北地区与俄罗斯东部地区开展经济合作的对策建议，以期为两国开展次区域经济合作提供理论借鉴和实践参考。

全书共7章，主要包括四部分内容：

第一部分包括第1章绪论和第2章文献综述。阐述本书的研究背景、理论意义与实践意义以及研究方法、研究内容、创新点与不足；从不同角度对国内外学者的研究现状进行归纳和梳理，分析现有研究成果的不足。

第二部分是基本理论与机理分析，即第3章。首先界定中国东北地区与俄罗斯东部地区经济合作的概念；其次对区域经济合作基本理论进行梳理，提出比较优势理论、要素禀赋理论、自由贸易区理论与自由贸易园区理论、增长极理论、点轴理论、区域创新理论、地缘经济理论、博弈论在中国东北地区与俄罗斯东部地区经济合作中的应用；再次对研究的理论框架进行阐述；最后本书从经济、政策、社会、空间等角度对区域经济合作的影响因素与作用机理进行分析。

第三部分包括第4章和第5章。分析中国东北地区与俄罗斯东部地区经济合作的历史沿革，总结两地区在贸易合作、投资合作、产业合作方面的现状与存在问题。在分析两地区经济合作现状的基础上，提出地缘优势、经济互补优势、发展理念契合是双方开展区域经济合作的前提基础，而"一带一路"倡议与欧亚经济联盟的对接、"中蒙俄经济走廊"建设、"冰上丝绸之路"建设则为双方合作带来了新的发展机遇。同时，中国东北地区与俄罗斯东部地区的经济合作受两地区"边缘地域"、俄方人口问题、双方经济发展相对落后以及来自外部激烈竞争等不利因素的制约。

第四部分包括第6章和第7章。对世界主要次区域经济合作的发展历程和主要特点进行分析和总结，提出提升中国东北地区与俄罗斯东部地区经济合作水平的对策建议。包括强化对话沟通，构建以合作共赢为核心的新型国际关系；借助"一带一路"建设拓展经贸合作的领域和层次；积极扩大"内联外引"，提升东北地区协调发展水平；提升贸易投资便利化水平，促进合作效率提升；增加互动，加强机制和组织建设；推动中俄次区域自由贸易区建立，提升合作自由化水平。

本书的创新点在于：

一是本书选取"中国东北地区与俄罗斯东部地区经济合作"作为研究主题，基于地区和省域两个角度，分析中国东北地区与俄罗斯东部地区经济合作的时空格局，注重东北"三省一区"同俄罗斯东部地区开展经济合作优势和差异的研究，明确各省区在与俄罗斯东部地区经济合作中的合理定位。

二是基于中国东北地区与俄罗斯东部地区经济合作存在的主要问题，有针对性地提出依托黑龙江自由贸易试验区和辽宁自由贸易试验区的建设，以及俄罗斯跨越式发展区和符拉迪沃斯托克自由港的建设，建立中俄次区域自由贸易区。

目　录

第1章

绪　　论

1.1　问题的提出

经济全球化与区域经济一体化是世界经济发展的两大重要趋势，积极开展区域经济合作有利于维护本国政治安定，促进经济发展。第二次世界大战以来，经济全球化成为世界经济发展的主要趋势之一。2008年金融危机蔓延到世界各个国家和地区，引发了世界性的经济危机，全球经济合作态势减弱，而区域经济一体化进程却在加速推进，区域经济合作作为不同国家和地区之间开展经济联系的主要形式，成为区域经济一体化发展的重要方式。各国和地区充分认识到区域经济合作的客观必要，采取各种各样的合作形式，通过区域经济合作实现本地利益最大化，从而推动经济实现稳步发展。中俄双方政治高度互信，地理位置相邻，经济充分互补，合作规模和层次不断提升，进一步加强和深化区域经济合作已成为两个国家必要的战略选择。中国"一带一路"倡议与欧亚经济联盟的对接为中国东北地区和俄罗斯东部地区的经济互动带来了新空间。

中国改革开放以来，经济快速发展，取得的成就举世瞩目，但是存在区域经济发展不平衡问题。中国东北地区包括黑龙江、吉林、辽宁三省以及内蒙古东部地区，在全国经济体系中占有十分重要的战略地位，历史上该地区自然资源非常丰富，但是由于人口的增加，经济的快速发展以及经济体制等问题，东北地区原有的资源优势发生了改变，出现了自然资源枯竭、市场化程度低、产业结构失衡等现象，进一步发展面临很多难题。俄罗斯区域经济发展也存在着严重的不平衡，东部地区和西部地区的经济发展水平以及社会发展水平存在较大差异，俄罗斯东部地区包括西伯利亚联邦管区和远东联邦管区，地域辽阔，占俄罗斯国土面积的 2/3 以上。该地区资源非常丰富，但是一直未得到充分的开发，经济发展过程中面临资金短缺、劳动力不足、产业结构不合理、科技成果转化率低等问题，迫切需要得以解决。

中国东北地区和俄罗斯东部地区相邻，两国都高度重视在该区域的合作。2002 年，我国提出振兴东北老工业基地，支持加快调整和改造东北地区等老工业基地，推动资源型城市和地区发展接续产业。2003 年，我国政府出台《关于实施东北地区等老工业基地振兴战略的若干意见》，提出促进东北地区产业结构升级，推进资源型城市转型等目标和任务，强调要促进扩大对内和对外开放，充分利用中国东北地区与俄罗斯、日本以及韩国等邻近地区的区位优势，发挥东北地区现有港口的条件和优势，加强与周边国家的合作。随后又陆续颁布了多项加快改革与开放、促进东北地区振兴的区域发展优惠政策。2004 年和 2005 年，中俄两国总理定期会晤，强调支持中国企业参与俄罗斯西伯利亚和远东地区的开发。东北老工业基地振兴战略的提出，为中俄两国在东北地区和远东及西伯利亚地区经济合作的开展创造了新空间。2007年，中国《东北地区振兴规划》公布，将内蒙古东部地区纳入规划范围，内蒙古东部地区北部与俄罗斯的赤塔州接壤，与东北三省共同成为中国东北地区对外开放的桥头堡。2007 年，在我国东北老工业基地振兴的背景下，俄罗斯政府提出了"东部大开发战略",对俄罗斯西伯利亚和远东地区进行深度开发建设。2009 年,中俄两国出台《中国东北地区同俄罗斯远东及东西伯利亚地区合作纲要(2009—2018)》(以下简称《纲要》),标志着中俄两国区域性合作进入了一个全新的实质性操作阶段。2010 年,俄罗斯正式批准《远东和贝加尔地区 2025 年前经济社会发展战略》,高度重视远东地区及贝加尔地区的发展,将该地区的发展列为国家长期发展战略中,旨在充分利用远东地区和贝加尔地区的地缘优势、资源优势,与东北亚国家开展国际合作,明确表示中国东北地区与俄罗斯东部地区拥有广阔而坚实的合作基础,把中国东北地区作为最关键的优先合作方向。2015 年 5 月,中俄两国领导人在莫斯科签署了《中俄关于丝绸之路经济带建设与欧亚经济联盟建设对接合作的联合声明》,表示两国将一同推进"丝绸之路经济带"建设同"欧亚经济联盟"建设的对接,"一带一路"建设和"欧亚经济联盟"的对接,为中国东北地区与俄罗斯东部地区的经济合作提供了全新的合作平台。2018 年《中俄在俄罗斯远东地区合作发展规划(2018—2024 年)》正式获批,这是 2009 年《纲要》到期后又一个专门针对中俄地区合作的指导性文件,对中俄在东北地区和远东地区的具体合作项目和内容进一步明确规定,在政策和法律上提供了相应的保障,这对中国东北地区与俄罗斯东部地区的合作具有具体的指导意义。

中国东北地区与俄罗斯东部地区广泛开展区域经济合作,可以有效改善两个地区的经济状况,提高经济和社会发展水平,提升两地居民的生活水平,最终带动两国整体经济的可持续稳定发展。本书力求全面梳理国内外学者关于中俄区域经济合作的思想,从中俄两国的实际情况出发,在东北振兴战略和俄罗斯东部大开发战略背景下,找出两地区合作的基础和制约因素,全面分析中国东北地区与俄罗斯东部地区经济合作的基本情况,借鉴世界主要区域经济合作的经验,探讨中国东北地区同俄罗斯东部地区经济合作的对策建议,以期为中国东北地区和俄罗斯东部地区经济合作以及中俄两国全面合作提供借鉴和参考。

1.2 研究的意义

1.2.1 理论意义

一是为两国开展次区域经济合作提供相应的理论依据。本书以区域分工理论、自由贸易区理论和自由贸易园区理论、区域经济发展理论、地缘经济理论、博弈论等区域经济合作理论为分析基础，全面探讨中国东北地区与俄罗斯东部地区经济合作的基础和制约因素，并对中国东北地区与俄罗斯东部地区经济合作历史进程、现状、存在主要问题以及对策建议进行深入的分析，以期进一步拓展次区域经济合作的理论分析。

二是深度探讨如何构建稳定而有效的次区域经济合作机制以实现双方经济发展的双赢局势。通过区域分工理论、区域经济发展理论、地缘经济理论，本文梳理了中国东北地区与俄罗斯东部地区开展区域经济合作的基础条件，并提出充分利用本地区的资源优势，开展经济合作；自由贸易区理论和自由贸易园区理论为中国东北地区和俄罗斯东部地区开展特殊经济区域的建设、构建次区域自由贸易区提供了理论依据，本书基于这两个理论探讨通过东北地区自由贸易片区的建设和俄罗斯东部"一区一港"的建设，努力打造两国次区域自由贸易区；基于地缘经济理论，本书从独特的视角分析次区域经济合作的可能性与必要性，提出我国东北地区与俄罗斯东部地区的合作以区位优势为前提，通过经济互补性合作、战略升级合作，实现资源有效配置，促进两个地区生产力水平的提升，实现两个地区经济共同发展。博弈论包括非合作博弈和合作博弈，广泛地应用于经济学领域，运用博弈论中的合作博弈理论可以研究两国开展次区域经济合作的可行性和必然性，中国与俄罗斯需要共同信任，建立行之有效的合作机制，实现双赢的格局。

1.2.2 现实意义

在中国东北振兴和俄罗斯东部大开发战略背景下，研究中国东北地区与俄罗斯东部地区经济合作的对策建议具有重要的现实意义。

一是有利于促进中国东北地区与俄罗斯东部地区经济合作的深化。中国东北地区与俄罗斯东部地区的经济合作互有需要、恰逢其时，中国东北老工业基地振兴和俄罗斯东部大开发互相促进、共同发展。本书基于定性分析和定量分析的研究结论，借鉴世界主要次区域经济合作的经验和做法，针对性地提出两地区经济合作的对策建议，有利于推动中国东北地区与俄罗斯东部地区经济的发展。

二是有利于促进中俄经济全面合作的开展，进而解决各自区域经济发展不平衡问题。中国东北地区与俄罗斯东部地区的经济合作，拥有悠久的历史。中国东北地区是中国重工业的摇篮，但如今经济发展严重落后于东部地区，甚至是西部地区，俄罗斯东部地区与西部地区相比，经济发展较为缓慢。中俄两国国内区域经济发展不平衡，亟待提升落后地区的经济和社会发展水平。优先发展次区域经济合作也为中俄双方全面经济合作提供了有力的支持，增添了新的活力，有利于推动两国国内社会和经济的均衡发展。

三是有助于东北亚区域经济一体化的发展以及稳固国际政治经济的格局。世界经济一体化和区域经济一体化是世界经济发展的两大趋势，中俄两国率先在经济、政治、文化等方面开展全面合作，有利于带动东北亚区域各国的合作。以美国、欧盟、日本为首的发达国家正不遗余力地在东北亚地区扩展其经济势力和政治影响，加剧了东北亚地区以及国际政治经济的紧张局势。中俄两国开展全面战略合作，进一步巩固双边经贸关系，全力以赴迎接国际政治经济形势的挑战，有助于带动整个东北亚地区经济合作的发展以及维护国际政治经济格局的稳定。

1.3　研究的方法

1.3.1　文献研究法

本书在研究过程中，搜集了大量国内外关于区域经济合作、中俄合作、中国东北地区与俄罗斯东部地区经济合作等方面的文献资料，并采用科学合理的分析方法对文献资料进行梳理和归纳，采用权威机构发布的数据，借鉴多方的观点，分析中国东北地区和俄罗斯东部地区开展经济合作的历史进程与现状问题、合作的基础和制约因素、国内外次区域经济合作的经验等，力求分析的全面性和客观性。

1.3.2　跨学科结合法

本书综合运用跨学科的多种理论展开研究，涉及国际经济学的国际分工理论和自由贸易区、自由贸易园区理论，区域经济学的增长极理论、点轴开发理论和区域创新理论，还涉及地缘经济理论和博弈论等。从多个角度来研究中国东北地区与俄罗斯东部地区经济合作的必然性和必要性，并分析两地合作的历史进程，重点合作领域的现状和问题以及世界主要次区域经济合作的经验，既有理论的依托，又有实践的例证，力求研究的科学性与合理性。

1.3.3　比较分析法

本书对世界主要次区域经济合作的历程和特点进行了比较分析，包括大湄公河次区域经济合作、"新—柔—廖成长三角"合作、上莱茵边境区合作以及美墨边境区合作。并在此基础上结合中国东北地区与俄罗斯东部地区经济合作的现状特点，提出了提升两地区经济合作水平的对策建议，力求分析的科学性和有效性。

1.4　基本结构与主要内容

全书共七章。

第 1 章是绪论。主要分析本书选题背景与研究的理论意义和实践意义，介绍本书研究的主要思路和研究方法，概括本书的基本框架和主要内容，并说明研究的创新点和不足之处。

第 2 章是文献综述。分别从不同的研究角度阐述国内外学者对中俄经济合作以及中国东北地区与俄罗斯东部地区经济合作的观点，并加以归纳总结找出其特点和不足，以期为中俄发展毗邻地区的经济合作提供翔实的理论依据与充分的实践指导。

第 3 章是基本理论与机理分析。界定了中国东北地区与俄罗斯东部地区经济合作的概念；对区域经济合作的基本理论进行了梳理，提出比较优势理论、要素禀赋理论、自由贸易区理论与自由贸易园区理论、增长极理论、点轴理论、区域创新理论、地缘经济理论、博弈论在中国东北地区与俄罗斯东部地区经济合作中的应用；最后本书从经济、政策、社会、空间等角度对区域经济合作的影响因素与作用机理进行分析。

第 4 章是中国东北地区与俄罗斯东部地区经济合作的现状分析。梳理中国东北地区和俄罗斯东部地区合作的历史进程，从贸易合作、投资合作和产业合作的视角分析两地区经济合作发展的现状、存在的主要问题以及原因。两地区经济合作取得了较大的进展，但是仍然存在合作规模有限、合作水平低、东北各省（区）对俄罗斯东部地区经济合作水平不均衡、俄方政策不稳定、合作机制不健全以及服务贸易发展滞后等问题。

第 5 章是中国东北地区与俄罗斯东部地区经济合作的基础与制约因素。从内部资源和外部环境两个角度分析两国次区域经济合作面临的优势与不足，评估两地合作面临的机遇与威胁，为中俄毗邻地区经济合作指明方向。本书提出两区域合作具有地缘便利性、经济互补性、政治互信性、发展理念契合性等优势，以及"一带一路"倡议与欧亚经济联盟的对接、"中蒙俄经济走廊"的发展、"冰上丝绸之路"的建设等都为中国东北地区与俄罗斯东部地区经济合作带来巨大的外部推动力，为两地区合作奠定了强劲的基础。同时也提出，双方合作还受边缘性地域、俄方人口稀薄、经济发展相对落后以及外部激烈竞争等不利因素的制约。

第6章是主要国家次区域经济合作的比较与借鉴。梳理国外和国内主要次区域经济合作的情况，对大湄公河次区域合作、"新—柔—廖成长三角"合作、上莱茵边境合作以及美墨边境区合作的发展历程和特点进行分析和总结，这些次区域经济合作的经验和做法为其他次区域经济合作的开展提供了借鉴：地缘优势是开展次区域经济合作的必要基础、经济互补是开展次区域经济合作的首要前提、制度建设是开展次区域经济合作的重要保障、共同利益是开展次区域经济合作的根本原因。

第7章是研究结论与对策建议。基于两地区开展经济合作的现状、存在主要问题、基础和制约因素以及世界主要次区域经济合作分析的基础上，提出了中国东北地区与俄罗斯东部地区开展经济合作的对策建议。包括强化对话沟通，构建以合作共赢为核心的新型国际关系；借助"一带一路"建设拓展经贸合作的领域和层次；积极扩大"内联外引"，提升东北地区协调发展水平；提升贸易投资便利化水平，促进合作效率的提升；增加互动，加强机制和组织的建设；推动中俄次区域自由贸易区建立，提升合作自由化水平。

1.5　主要创新点及不足

1.5.1　主要创新点

一是本书选取"中国东北地区与俄罗斯东部地区经济合作"作为研究主题，中国东北地区包括黑龙江、吉林、辽宁以及内蒙古东部地区，俄罗斯东部地区包括西伯利亚和远东两个联邦管区，选题视角独特。现有研究有的针对国家层面，有的针对东北地区整体层面，针对省域层面研究的成果数量较少。本书基于地区和省域两个角度，分析中国东北地区与俄罗斯东部地区经济合作的时空格局，注重东北三省和内蒙古同俄罗斯东部地区开展经济合作优势和差异的研究，明确各省区在与东部地区经济合作中的合理定位。

二是本书基于中国东北地区与俄罗斯东部地区经济合作主要存在问题，针对性地提出建立中俄次区域自由贸易区。依托黑龙江自由贸易试验区和辽宁自由贸易试验区的建设，以及俄罗斯远东跨越式发展区和符拉迪沃斯托克自由港的建设，建立中俄次区域自由贸易区，全面带动中国东北地区与俄罗斯东部地区经济合作的发展。

1.5.2　不足之处

本书的不足之处在于中国东北地区与俄罗斯东部地区的合作属于次区域合作，相对于中俄两国经济合作的资料，中国东北地区与俄罗斯东部地区的资料不足。多方途径，尚未找到专门针对两地区合作的数据统计，本书在分析过程中，部分分析用中国东北地区对俄罗斯整体的数据以及俄罗斯东部地区对中国整体的数据进行了替代。中国东北地区与俄罗斯东部的经济合作在中俄两国合作中占有主要地位，所以这种部分数据替代的分析结果基本上能反映出两地区经济合作的状况。

|第2章|

文 献 综 述

中俄两国互为最大的邻国，发展次区域经济合作具有充分的比较优势，关于中俄合作问题的研究一直是两国学术界关注的重点，特别是2009年《中国东北地区同俄罗斯远东及东西伯利亚地区合作规划纲要（2009—2018）》签订以来，中俄经济合作，特别是中俄毗邻地区的经济合作成为两国学者追踪的热点问题。

2.1 国外文献综述

国外文献综述主要以俄罗斯学者的综述为主。在区域经济一体化的背景下，俄罗斯学者以国家利益为出发点，以中俄两国经济领域合作的整体状况以及毗邻地区经济发展情况为切入点，比较全面地分析了俄罗斯东部地区与中国东北地区经济合作的必要性、合作基础、现状、趋势等问题，整体来讲俄罗斯学者对双方合作持积极肯定态度，但也有部分学者对俄方在合作中的地位、利益、国家安全方面感到担忧。

2.1.1 中俄两国经贸合作整体状况的相关研究

一部分俄罗斯学者主要围绕两国合作的整体状况，从宏观视角对两国经贸关系进行研究。波尔佳科夫（2005）指出俄罗斯与中国在世界舞台的多方面合作反映出两国在世界经济中联系的程度，有助于发现两国现有的和潜在的合作领域。中国在钢铁、煤炭、水泥、化肥、棉布、电视机、谷物、肉类、棉花、花生等生产方面世界领先，而俄罗斯的天然气、未加工的金刚石、石油、马铃薯、建筑砖等产品产量丰富。目前中国经济发展战略是优化产业结构，提高加工业和高新技术产业在经济中的比重，俄罗斯在国际分工中的地位由天然气、石油和石油产品决定，大规模出口的机器制造业产品主要有军工和核电站设备两类。俄中两国在合作中的优势多于不利因素，加强合作是提高俄罗斯世界经济地位的有效保障。

季塔连科（2010）指出，俄中关系一贯是和平共处、睦邻友好和战略协作伙伴关系，这符合俄罗斯和中国的根本利益，对世界和平与发展也至关重要。并指出了俄中合作的动因，以及在金融领域、能源领域、运输领域、农业领域、高新技术领域开展合作共同应对危机的具体做法。季塔连科（2010）充分论述了国家间如果没有稳定的谈判机制，常常会导致冲突和战争，中国近几十年在和平发展战略和共同发展以及共赢发展的道路上迅速崛起，对世界经济政治发展产生了重要的影响。俄罗斯和中国是伙伴国，双方已经由相互谅解走向合作共建世界新秩序的道路，共同建设了一系列对话机制和组织，捍卫两国的安全利益和领土完整，俄中之间的战略伙伴关系是重要而必需的。

达维多娃（2016）提出两国之间的经贸关系呈深化发展趋势，这体现在投资合作的扩大，区域间和跨境关系的加强等方面。目前，俄中合作包括各个领域的互动，俄中在能源领域的合作正在稳定发展，俄罗斯正在积极吸引中国企业在能源领域投资，形成全方位的能源合作结构，不仅表现在贸易方面，还有油气勘探、炼油、石化设备等领域合作。俄中合作的不利方面是双边贸易结构的不平衡影响两国之间的贸易额，中国对俄罗斯的主要出口产品是工业制成品和电子产品，而俄罗斯对中国的出口则主要是能源和原材料。

克拉珀纳（2016）指出俄罗斯目前和将来的主要经济合作伙伴是中国，仅在2014年就与中国签署了40多个合同，达成了多项投资合作协议，在确保俄罗斯国家安全条件下，深化和扩大俄中两国对外经济关系，有必要更加深入地开展合作。目前双方在燃料和能源、运输工程、金融、基础设施开发和建筑材料生产、生物技术和生物制药领域都有广泛的合作。俄罗斯公司具有将俄罗斯经济推向世界并提高竞争力的足够潜力。在发展纳米技术、造船业、飞机、机械工程和其他高科技领域的项目时，应优先与中国公司一起开发和实施联合创新项目，俄罗斯和中国的科研人员、企业代表、政府官员都应参与其中。

在经济全球化和区域经济一体化背景下，中俄经济合作取得了丰硕的成果。俄罗斯学者认为中俄开展合作具有充分的基础和潜力，应该相互谅解，通过对话发展战略协作伙伴关系，并在能源、金融、基础设施、农业等领域积极开展合作。

2.1.2 俄罗斯东部地区和中国东北地区发展状况的相关研究

2.1.2.1 俄罗斯东部地区发展状况的相关研究

俄罗斯科学院院士、远东分院经济研究所所长米纳基尔（1995）在《俄罗斯远东经济概览》一书中运用了大量数据统计对俄罗斯远东地区的自然资源状况、人口状况、经济发展情况以及经济改革等方面做了详尽的介绍。米纳基尔和普罗卡帕洛（2017）分析了近年来远东发展的最新进展，指出远东还存在投资问题、经济结构问题、金融问题、技术问题等，为此俄罗斯应当在经济结构上、金融上、制度上进行变革。苏斯洛夫（2018）分析了在远东地区投资的国家和项目的基本情况，并指出学术界认为远东经济扶持的机制无效，对提高国外投资者的区域投资积极性作用微弱。别切利察（2019）指出中国"一带一路"倡议为俄罗斯东部地区带来了新的发展机遇，"一带一路"项目的建设途经俄罗斯的欧洲地区、西伯利亚地区和远东地区，中国东北与俄罗斯东部地区积极开展了交通基础设施的建设、中俄联合运输建设、能源项目建设，借助中国"一带一路"，俄罗斯东部地区可以发展成为中俄互联互通、共同发展的桥头堡。

由此，多数俄罗斯学者肯定了"一带一路"给俄罗斯东部地区乃至整个俄罗斯联邦发展带来的机遇，为俄罗斯东部地区和中国东北地区的深化发展提供了更广阔的空间。

2.1.2.2 中国东北地区发展状况的相关研究

由于中国东北地区特殊的地理位置以及中国东北地区与俄罗斯东部地区的合作潜力，吸引了一些俄罗斯学者对中国东北地区的发展情况进行研究。

塔拉修克（2007）分析了中国黑龙江、辽宁、吉林三省的特点，指出东北三省作为国家的老工业基地，与其他省份相比有自己的优势，例如地理位置的优势、自然资源的优势，可以发展边境地区的对外合作。农业发达，工业生产潜力巨大，森林资源、水资源丰富，但是需要加快国有企业改革，利用外资加快经济结构调整。亚历山德罗娃（2015）指出中国东北地区在新中国成立初期是中国的重要生产基地，由于沿海地区地理位置优越，对外开放程度高，东北地区的作用和地位逐渐下降，面临很多问题：国有资产比例高、矿产资源枯竭、失业率高、竞争力下降等，中国开始实施东北振兴战略，作者梳理了中国东北振兴的目标和措施，指出东北振兴任重而道远。

2.1.3 中国东北地区与俄罗斯东部地区合作问题的相关研究

俄罗斯国内一方面关注中俄整体经济关系发展，另一方面还特别关注中俄在毗邻地区的经济合作，尤其是中国东北地区与俄罗斯东部地区的经济合作情况。

季塔连科（2004）提出东北老工业基地振兴战略和远东西伯利亚开发背

景下，两地合作迎来了难得的历史机遇。两地具有地缘优势、经济互补优势，具备相当丰厚的合作基础，双边贸易呈现增长趋势、科技合作成果喜人，合作潜力巨大，同时也存在一些障碍，比如金融合作滞后、投资规模小等。加强中国东北地区与俄罗斯东部地区合作对于推动东北亚地区协调发展有重要意义。切尔尼（2006）提到俄罗斯远东与中国的跨境合作有三个有利条件：两国经济的互补性，有力的外部条件和双方共同的战略利益。虽然 1992 ~ 2005 年，两国的贸易额有所增加，但是远东地区与中国的贸易额却下降了，这是由于双方边境贸易结构不合理造成的，俄罗斯对中国的出口是原材料，而中国对俄罗斯的出口是消费品。应该扩大边境地区之间的联系、促进商业的发展、基础设施的建设。另外远东地区投资吸引力较弱，双方投资合作有限。对于中国来讲，中国东北地区的经济相对落后，应该把与俄罗斯的边境贸易作为该地区经济增长的动力，以解决就业等许多问题。奥斯特洛夫斯基（2011）认为，一定要发展远东地区与中国边境地区的合作，包括交通基础设施建设，交通运输走廊建设，以哈尔滨、长春、沈阳和呼和浩特以及俄罗斯的符拉迪沃斯托克、哈巴罗夫斯基、伊尔库茨克等地为中心建立航空网，改建俄罗斯陆路和水路边界口岸等，成立跨境贸易合作区，在远东、西伯利亚和中国东北地区建立高新技术产业合作区等，共同实现中国东北振兴战略和俄罗斯东部大开发战略。拉德琴科（2012）认为俄罗斯远东地区产业结构失衡，85% 以上的食品和日用消费品依赖于进口，自然资源和地理位置的优势是远东地区与毗邻地区开展对外贸易的基础，边境地区小额贸易增速放缓，因为俄罗斯远东地区出口结构单一、边境贸易难以有根本的改变，因此改变出口方式势在必行。

可见，众多俄罗斯学者都认为中俄毗邻地区的边境贸易额有限，贸易结构单一，需要改变合作方式，包括增加机械设备、高新技术产品贸易，以及通过投资改变单薄的产业结构等。

乌亚纳耶夫（2013）指出俄罗斯东部地区资源丰富，但是与西部发达地区相比，经济发展水平落后，迫切需要发展东部地区，首要的合作伙伴就是中国，并提出了五大合作方向，包括高新技术领域、能源领域、交通运输领域、林业和海洋养殖业以及投资领域合作，双方合作符合中俄两国共同利益，需要双方共同支持。奥斯特洛夫斯基（2013）提出远东和西伯利亚地区的发展是俄罗斯社会经济健康发展、增强竞争力、提高俄罗斯在世界经济中地位的最基本保障，所以加强与亚太地区经济合作成为俄罗斯东部地区的首要选择。要不断在矿产开发领域、基础设施建设领域增加资金投入，中国是俄罗斯远东地区和西伯利亚地区乃至整个俄罗斯最理想的合作伙伴，双方在重工业、高科技、农业、矿产等领域都有互补性且有地缘优势，应该大力发展能源合作项目，将振兴东北老工业基地与俄罗斯远东及外贝加尔发展规划对接，发展边境贸易，吸引投资。多尔戈夫（2014）提出俄罗斯和中国是相互信任的战略伙伴关系，这种战略伙伴关系，在中俄经济关系中，特别是在西伯利亚和远东的经济发展中，在解决亚太地区安全问题中，尤为重要。洛马基纳（2014）提出了俄罗斯远东和中国东北发展状况以及两地合作的基本情况，指出中国政府制定了东北振兴战略，将促进与俄罗斯边境地区的合作，2013年两国的边境贸易进入新阶段，中国黑龙江和内蒙古的边境贸易得到发展。俄罗斯联邦政府也制定了东部开发的战略，远东和贝加尔地区暂时无法在机械工程、信息技术等行业的生产中与亚太地区的国家竞争。因此，远东和贝加尔应发展自然资源的开发和利用。拉莉恩（2016）认为俄中关系的发展取决于四个方面的影响：世界政治形势、欧亚安全、能源合作、边境和区域间的联系。俄罗斯积极发展东部地区，需要加强与中国的合作，在远东和西伯利亚地区向中国打开投资的大门。中国打算积极参与俄罗斯东部的建设发展，扩大与之互利合作，以加快跨境区社会和经济发展，包括黑龙江、吉林、辽宁以及内蒙古参与其中。奥斯特洛夫斯基（2016）表示俄罗斯西伯利亚和远东与"丝绸之路经济带"战略对接，是俄罗斯经济社会稳步发展、经济稳定增长的条件，俄罗斯东部发展的最佳合作伙伴就是中国，近几年中俄边境贸易稳步发展、中俄毗邻地区石油管道的建设、跨境交通运输的建设，有利于解决俄罗斯境内的经济发展问题，也有利于毗邻地区的中国东北地区的发展。

积极推动中国东北地区与俄罗斯东部地区的经济合作，一直是中俄两国发展全面战略协作伙伴关系，开展区域经济合作的重点方向。俄罗斯学者充分认识到中国东北地区与俄罗斯东部地区开展合作的比较优势，尤其是在俄罗斯东部大开发背景下，两地区合作的潜力巨大。

2.1.4 中国东北地区与俄罗斯东部地区具体合作领域的相关研究

2.1.4.1 交通运输合作

季塔连科（2009）认为从远东地区发展的角度来看，俄罗斯和中国在诸如铁路和公路运输合作上有巨大的机遇和发展前景，因为俄罗斯的运输路线状况和过境点的通行能力是阻碍双边贸易和经济关系进一步发展的因素之一。在运输建设领域加强与中国的合作将推动俄罗斯远东和西伯利亚地区的经济发展，创造新的就业机会，吸引外国投资。巴尔达尔（2014）以俄罗斯远东联邦地区为例，介绍了俄罗斯联邦与中国之间在运输领域的合作成果以及国家间运输的主要方向以及货运的动态，指出铁路运输量最不稳定，在研究期间（2002～2012 年），通过铁路运往中国的货物数量的波动在很大程度上取决于原木的出口关税变化。远东地区的铁路条件较差是两地铁路运输障碍之一，之二是远东地区的汽车运输并未充分得到利用。双方在运输方面合作前景广阔，应该积极互动。萨佐诺夫（2018）指出俄罗斯远东联邦区的发展是俄罗斯与亚太地区一体化进程的关键环节，发展远东地区，应该把俄罗斯和中国的交通运输网络连接起来，因地缘优势，俄罗斯远东地区与中国的关系更密切，国家应该扶持远东交通设施的发展，吸引外国投资，把远东的基础设施网联通到中国和国际交通运输走廊中。要发展铁路运输、海洋运输，加强俄远东港口和毗邻的中国辽宁省的大连港、丹东港、营口港的建设。

俄罗斯学者认为俄罗斯远东地区和西伯利亚地区的交通基础设施发展落后，是阻碍两地区经济合作水平以及经贸关系进一步发展的重要因素，俄罗斯东部应该积极和中国东北地区开展交通运输领域的合作，带动远东和西伯利亚地区经济发展，增加投资，拉动就业。

2.1.4.2　投资合作

尽管中俄之间的投资存在主观限制和客观阻碍，但是两国渐渐认识到投资互动的重要性和未来前景，两国相互之间投资具有巨大的吸引力，将会呈现长期而稳定的相互投资趋势。

诺沃塞洛娃（2013）提到中俄投资数量较少，在俄罗斯远东地区的投资项目多数集中在远东地区资源开发和利用方面。在 2011 年贝加尔国际经济论坛上，俄罗斯提出采取一系列的优惠政策，刺激在西伯利亚和远东地区的投资，建议中国和俄罗斯应该设立俄罗斯－中国投资基金，投资于俄罗斯，尤其是西伯利亚东部和远东地区。其选择的优先重点是与资源行业无关的项目：基础设施和运输、农业、制造业等。亚历山德罗娃（2014）提到中国将俄罗斯视为最具潜力的投资市场，但是海外投资额仍然有限，对俄投资中，矿产开发、林业、能源、家用电器、建筑、轻纺工业是主要方向，在制造业领域的投资处于落后状态。作者认为对俄罗斯远东和西伯利亚地区原料开采会引起生态系统的全面污染，进一步引起该地区人口的流失，所以建议中方将合作的重点放在生态清洁能源方面建设。斯捷潘诺夫（2020）认为中俄两国高度重视经济合作，两国之间的经济合作主要是基于传统贸易，双边贸易额不断增长，中国向俄罗斯出口的是消费品，换取的是能源进口，俄罗斯除少数特殊商品（如军事、航天工业）外，其他产品没有竞争力。两国的投资有限，双方提出的合作项目尚未完成，中国准备在"一带一路"框架下进行大量投资，而俄罗斯吸引投资的最大障碍就是糟糕的投资环境。吸引投资不仅是国家机构的当务之急，也是区域政府机构的首要任务，有必要采取一系列的措施提高国内经济部门的投资吸引力，包括改善投资环境、减少失业来创造高科技就业机会、创建新企业、加强与银行及金融机构的合作、加强对投资活动的监管等。

在中俄投资方面，主要认为传统以商品贸易为主的经贸合作方式受到限制，贸易结构单一，贸易规模有限且增长缓慢，应该发展双方投资合作，中国"走出去"战略海外投资的优先领域是油气领域、自然资源开采领域和大型基础设施建设领域。但是目前来看，两地相互投资的额度有限，俄罗斯应该加强改善投资的硬件环境和软件环境，双方加强制度合作，成立投资基金，共同助力双方投资领域的发展。

2.1.4.3　能源合作

科尔茹巴耶夫（2010）分析了中国在石油和天然气领域的现状，并指出中国期待在俄油气开发中获得利益，希望增加开采量，并期望东西伯利亚和远东的石油和天然气主要输入中国市场等。中国石油天然气公司可以参与西伯利亚和远东地区有发展前景的油气田开发。萨涅耶夫（2014）表示俄罗斯能源战略东向面对的主要外国市场就是中国，在《俄联邦远东及东西伯利亚地区与中国东北合作规划纲要》里面能源项目占有较大比重，在中国境内主要落实的是创新型项目，包括新能源和可再生能源的利用。在俄罗斯境内主要落实的是煤炭、石油等燃料开采和常规的发电项目。俄方规划的地区是俄远东和贝加尔地区，中方规划的是黑龙江、辽宁、吉林与内蒙古。克留科夫和托卡列夫（2016）提到俄罗斯东部地区能源产量持续增加，而俄中在能源领域合作是保证俄罗斯东部石油天然气产量持续增加的重要前提条件。双方除了在能源进出口方面合作以外，能源的开采、能源开采所需的技术设备也是合作的重点方向。奥斯特洛夫斯基（2017）指出俄罗斯远东地区资源丰富但是交通基础设施不发达，中国东北地区生产总值增速缓慢，经济发展落后，交通基础设施同样落后，将俄罗斯东部地区纳入丝绸之路经济带是将俄罗斯东部地区融入亚太地区经济合作体系的重要方式。中国是俄罗斯合作的优先伙伴，但是两地之间的经贸合作相对落后，这与两地之间的交通障碍有关，双方应该加强投资合作，在高新技术领域和能源领域开展合作，为俄中关系发展提供助力。扎哈罗夫（2020）指出中国是能源消耗的大国，国内能源消耗的巨大需求将导致能源进口的增加和对外国能源的依赖显著增强，所以能源部门的投资合作正在成为实现两国之间双边合作发展的最佳途径。除了能源领域，中国的跨国公司还投资于技术、物流、农业、运输和金融。但是，能源在中国投资总额中所占的比例最高，中国跨国公司正在积极投资俄罗斯的燃料和能源领域，对能源开发的整个过程都充满兴趣，包括能源开采，基础设施建设和后续出口。克留科夫和托卡列夫（2020）提出石油天然气在俄罗斯经济发展中占有重要地位，俄中在能源领域的合作对俄远东和西伯利亚地区的经济发展有重要的影响，双方能源领域合作的方式主要是通过管道向中国出口石油和天然气、合作开采以及对能源进行深加工，并指出了俄中在能源领域合作的重点。

由此可见，俄罗斯学者普遍对俄中开展能源领域合作持积极的态度，认为俄罗斯远东和西伯利亚地区资源丰富，但是自然条件较差，应该积极开展与毗邻地区的合作，特别是把中国看成是重要合作伙伴，并认为双方合作方式除了传统的能源领域的贸易方式外，还应该广泛开展投资合作，对能源合作开发，对能源运输的管道进行合作建设，并针对石油天然气产品进行创新性研发合作。

总体来说，虽然有部分学者对中俄经贸合作、中俄毗邻地区的经贸合作持忧虑态度，但是大多数学者还是认识到了中国东北地区在中国经济发展过程中的重要地位，从双边共同利益角度思考问题，指出东北地区拥有的比较优势，并对中国东北地区与俄罗斯东部地区开展合作持积极态度。

2.2　国内文献综述

随着中俄两国全面战略协作伙伴关系的发展，中俄之间经济贸易合作日益密切，关于中俄经贸合作以及中国东北地区和俄罗斯东部地区经济合作的研究成果比较丰富，主要围绕以下四个方面展开：

2.2.1　俄罗斯东部地区的相关研究

段秀萍（2001）指出俄罗斯西伯利亚和远东地区的经贸市场容量很大，并从食品市场、日用消费品市场和生产资料市场三个市场的容量展开相应论述。封安全（2012）对俄罗斯远东森林资源开发与利用情况进行了阐述，并提出了俄罗斯远东地区森工产业发展存在的问题，最后指出远东地区发展森工产业的前景，在国际合作方面，中国对远东地区森工领域的投资步伐加快，前景广阔。封安全、孙爱莉（2013）针对俄罗斯远东地区的农业资源情况进行了分析，指出远东地区的农业遇到了发展的"瓶颈"，应该通过加大投资、吸引外资等手段加强对远东地区农业领域的发展。郭力（2013）从区位因素角度分析了俄罗斯东部地区落后于西部地区的绝对差距，并具体阐述了东部地区落后于西部地区的具体特征，包括产业结构严重畸形化、科技成果转化率低、资本缺口大、人力资源不足等，最后分析了俄罗斯的区域政策对东部地区经济发展的影响。

姜振军（2016）分析了俄罗斯西伯利亚地区和远东地区的经济发展条件，包括自然环境与资源、人文与技术、交通运输条件以及两个地区经济发展进程、产业发展状况、对外经济合作，并对两地区经济发展前景进行了深入的论述。葛新蓉（2017）指出俄罗斯远东地区基于地理位置和资源禀赋优势获得了超前发展，在分析远东地区经济发展呈现出新态势的基础上，指出了"超速和竞争"是远东超前发展的双重属性，政策扶持是远东超前发展的内生动力，而远东地区超前发展的重要驱动是技术创新。李传勋、靳会新等（2017）介绍了俄罗斯东部地区投资的硬环境和软环境情况，并展示了针对中俄两国专家开展的关于俄罗斯东部投资问题调查问卷的结果，显示中俄两国专家关于如何改善俄东部地区投资环境方式的观点基本一致。李洋（2018）对俄罗斯西伯利亚地区的自然状况、能源领域、农业领域、投资领域、社会福利以及科技与教育情况进行了分析，指出西伯利亚地理位置重要，油气资源丰富，是俄罗斯实现"强国梦"的重要一环。

众多学者分析了俄罗斯东部地区的整体状况，指出东部地区发展的比较优势与发展障碍，并表示国家对东部地区开发政策的扶持具有重要的意义。另外还有一些国内学者针对俄罗斯东部地区的投资、能源、劳务、发展战略等方面进行了针对性的论述。

2.2.2 中国东北地区的相关研究

林木西（2007）提出振兴东北老工业基地重在创新，关键在于制度创新，进一步阐述了企业制度创新、产业基地创新、区域经济创新、市场体制创新、发展模式创新以及地方政府制度创新等内容，科学全面地阐释了东北老工业基地振兴制度创新的路径及具体做法。林木西、何军、赵德起（2018）对两轮东北振兴战略进行了比较研究，基于对东北工业化历史脉络的梳理，分析了东北经济结构与体制机制具有特殊性的深层次原因，进而针对正式制度与非正式制度创新、企业、市场、创新创业制度创新进行了详尽的分析。该书采用了比较分析法、案例分析法、规范分析与实证分析相结合的方法，对新一轮东北老工业基地体制机制创新进行了系统、深入的阐释。李万军、梁启东、郭连强等（2020）汇集了众多学者关于东北地区经济发展状况的报告，包括 2018~2019 年东北地区经济社会发展形势分析与预测、战略性新兴产业发展、固定资产投资结构优化、就业、营商环境、科技创新发展等方面的研究，涵盖了经济篇、社会篇、改革开放篇以及专题篇。

此外，崔万田（2008）、马树才（2011）、张桂文（2011）分别从区域经济创新、政策创新体系和制度创新等角度对老工业基地创新发展进行了分析。康成文（2015）、和军（2017）、崔慧永（2017）、范洋（2018）则基于东北振兴战略探析了东北振兴的意义、重点以及效果。

关于中国东北地区发展状况的研究成果非常丰富，众多学者对东北地区经济发展的基本情况进行了介绍，并从制度创新、政策创新等角度对东北老工业基地的发展状况进行了评析。还有学者针对东北地区对外开放的问题进行了研究，充分论证了东北地区扩大对外开放的重要意义。

在东北地区对外开放方面，崔日明（2012）指出了东北地区扩大对外开放、加强东北亚经济合作的理论依据与现实基础，并分析了东北老工业基地与东北亚区域经济合作的优势与障碍，最后提出了东北老工业基地与东北亚区域经济互动合作的路径选择。衣保中（2017）基于区域经济联动发展的可度量性，设计了东北沿边地区与腹地联动发展的评价指标，在分析两地联动发展现状基础上指出了联动发展不足的原因，并从联动模式、经济社会和政府政策三个层次提出了对策建议。

2.2.3　中俄经贸合作关系的相关研究

刘显忠（2019）对中俄关系和具体合作项目进行了系统梳理，并对双方合作需要注意的问题进行了分析。刘清才、王迪（2019）阐释了新时代中俄全面战略伙伴关系的特点，并就深化中俄经济合作关系提出了详尽的见解，包括推动"一带一盟"对接、深化能源领域合作、推动中国东北地区与俄罗斯远东毗邻地区合作等。最后还提出了双方要加强中俄国际战略协作关系，维护国际秩序、世界和平，实现世界经济共同的发展和繁荣。刘华芹（2019）对中俄（苏）经贸合作的历程进行了细致的分析，并指出双方合作的法律基础不断牢固、合作机制不断完善、贸易取得突破性进展、投资也稳步推进、边境合作快速发展，对中俄经贸合作状况分析十分系统全面。

众多学者还针对"一带一路""带盟对接"下中俄合作最新发展提出了自己独特的见解。刘志中（2017）基于竞争优势指数和贸易互补性指数分析了中俄两国贸易发展的潜力，指出中国在劳动密集型产品出口上具有竞争优势，而俄罗斯在初级产品出口方面具有较强的竞争优势。高际香（2018）基于普京第四任期经济政策的四个发展目标、六大政策着力点，在"一带一路"倡议下，提出了中俄经济合作的五大领域：智能科技与产业发展、经济数字化、基础设施建设、农业合作开发以及北极合作与开发领域。程亦军（2018）指出中俄地区合作成绩显著，未来合作前景广阔，"带盟对接"加快了双方的互联互通、最大限度地实现了贸易便利化和投资便利化，为中俄合作提供了更加广阔的平台。李兴（2020）论述了"一带一路"框架下的政策沟通、设施联通、贸易畅通、资金融通和民心相通，认为要保证"五通"的可持续性，夯实两国关系。

中国"一带一路"倡议与欧亚经济联盟的对接为中俄经济合作带来了新的空间，吸引了众多国内学者基于"一带一路"建设、"带盟对接"的视角，对中俄经济合作的新方向、新进展进行了阐述。

2.2.4 中国东北地区与俄罗斯东部地区经济合作的相关研究

2.2.4.1 整体研究

刁秀华（2018）指出"一带一路"建设与"欧亚经济联盟"建设对接将中俄两国的合作推向一个新高度，双方应该在交通领域、物流领域、港口领域、能源领域以及农业领域深度合作。刘清才、齐欣（2018）从"冰上丝绸之路"建设、跨欧亚大陆交通走廊建设、远东地区能源开发的角度，指出了两地合作具有广阔前景。焦方义（2019）指出中国东北振兴战略与俄罗斯东部大开发战略有效进行了对接，两国应该增强两地区物流运输能力，为中国东北地区与俄罗斯东部地区发展提供重要通道，并推动中俄边境口岸建设，促进两地区经济发展。

国内学者认为中国东北与俄罗斯东部地区经济合作不仅是两国政府的合作愿望，更有一定的合作基础，例如两地区的地缘优势突出，这构成两地合作的重要基础；两地资源互补性优势明显，这是两地区开展合作的重要基石；两地发展理念契合，给两地区经济合作带来强劲动力；两国政治互信良好，为两地开展合作提供了保障。此外，孙先民、曾勇（2017）基于中俄毗邻地区经济增长联动的视角对东北老工业基地振兴与俄罗斯远东开发联动效应进行了实证分析，指出俄罗斯远东地区工业生产对中国东北老工业基地经济产出的影响较弱，而东北老工业基地工业生产对俄罗斯远东地区经济产出的影响较强，中俄毗邻地区经济发展具有联动效应。姜振军、赵东旭（2019）指出俄罗斯远东地区与中国东北地区相互毗邻，但是经济合作不尽如人意，远东地区人口稀薄、基础设施建设薄弱、对中国的防范心理等问题是中俄双边合作的制约因素。

国内学者对于中国东北地区与俄罗斯东部地区的合作积极性较高，提出了各种注意问题、路径选择、对策建议来助力两国区域经济的务实合作，在一定程度上提升了中国东北地区与俄罗斯东部地区经济合作水平。

2.2.4.2　能源合作

宋延旭、潘澍（2011）指出辽宁是全国石化工业重要基础，与俄罗斯电力合作空间广泛，通过建立能源合作发展基金，建立中俄科技、贸易信息中心以及人才交流中心等手段，加强与俄罗斯远东及西伯利亚地区的合作。王泽宇、王福君（2014）指出中俄在石油、天然气、煤炭领域积极开展了合作，但是俄罗斯国内政治因素、远东地区经济发展水平以及意识形态等问题制约了双方合作，应该建立能源合作机制、推进新能源开发和能源深加工技术等。马莉恬（2014）分析了中俄能源合作现状及存在问题，并对中俄能源有效合作和可持续发展提出了建议，指出从长期来看中国应该减少对俄能源依赖，发展绿色东北。宋琳琳、孙策（2020）指出黑龙江主动对接"一带一路"建设和"中蒙俄经济走廊"建设，不断提升与俄罗斯远东地区的对接水平，在能源领域与俄合作具有优势，应该积极加强对俄能源合作深度。

中俄之间，尤其是中国东北地区与俄罗斯东部地区之间开展能源合作具有充分的比较优势、地缘优势、资源互补性优势，激发了两地开展能源合作的潜能。在此背景下，国内学者针对中俄在原油、天然气、煤炭、电力等能源领域的合作开展了深入的研究。

2.2.4.3　农业合作

俄罗斯东部地区土地辽阔，耕地面积广，农业资源丰富，但是人口稀薄，中国东北地区劳动力资源充足，农业生产经验丰富，两地区开展农业合作具有较强的互补性，国内学者关于中国东北地区与俄罗斯东部地区农业合作问题的研究成果较为丰富，为两地农业合作提供了理论支持与实践指导。

曹志涛（2016）提到中俄毗邻地区农业合作区位互补、耕地资源互补、农业人力资源互补、农产品结构互补、农业生产资料互补，并提出要以投资开发的形式带动双方农业合作方式的升级。彭亚骏、崔宁波（2017）利用层次分析法对中国东北地区与俄罗斯远东地区农业合作的影响因素进行了分析，指出相关的法律法规、共同收益、政府监督、地理位置以及合作能力是影响两地农业合作的主要因素。李睿思（2018）指出我国粮食需求巨大，俄罗斯西伯利亚和远东发展潜力巨大，应该加快中国东北地区与俄罗斯远东地区经济一体化发展，打通农业贸易的物流和信息通道，整合科研机构，促进中俄地区间的农业合作。杨春梅、李威（2018）分析了"互联网＋"视阈下黑龙江省对俄农产品贸易流通状况，指出黑龙江省农产品流通环节浪费现象严重，农产品流通信息不到位，流通农产品附加值较低，应该充分利用互联网技术，大力推进农业全产业链发展，促进对俄农产品贸易流通发展。

2.2.4.4　投资合作

李传勋（2013）指出中国对俄罗斯远东地区投资大幅度增长，但是总体规模较为有限，中方存在投资主体实力不强，企业经营粗放且不规范、投资领域狭窄、技术和效益水平不高等问题。而俄方存在法律不健全、基础设施建设滞后、政府行政效率低下等问题。另外从深层次讲，经济利益冲突，俄方对合作中经济安全的担忧等问题也是阻碍双方合作的消极因素。李传勋、靳会新、刘小宁（2017）指出能源、矿产资源、基础设施、现代农业、林业、高科技、金融、制造业、电子商务、跨境园区为中国对俄罗斯东部地区投资的优先领域，应该制定国家级投资规划、培育投资主体、加快投资制度创新、加强政策保障，以促进中国对俄东部投资的水平。丁宝根（2018）指出中俄农业生产要素禀赋互补，具有地缘优势，俄罗斯"东部大开发"战略和"一带一路"倡议都为我国对俄农业投资提供了动力支持。龙盾、陈瑞剑、杨光（2019）指出"一带一路"建设下中国对俄罗斯农业投资不断深化，投资规模保持增长态势，产业链建设日趋完整，民营企业成为对俄投资的主体。

2.2.4.5　劳务合作

俄罗斯东部地区地广人稀，人口密度低且分布不均衡，位于西伯利亚地区的克拉斯诺亚尔斯克地区，截至 2019 年 1 月 1 日，面积 236.68 万平方公里，总人口 287.4 万，每平方公里平均 1.2 人，人口危机阻碍了东部经济的发展，急需从俄罗斯其他地区转移人口或者吸引国外的劳动力，国内围绕中国东北地区与俄罗斯东部地区劳务合作的研究成果也是非常丰富。雷丽平、朱秀杰（2011）指出中俄劳务合作具有地理优势、劳动力互补优势、政治关系优势，应该充分发挥优势实现劳务合作战略升级。段美枝（2018）指出中国与俄罗斯有劳动力资源互补优势、毗邻地缘优势，应该充分发展双方之间的劳务合作，并提出流动到俄罗斯的中国劳动力主要来自东北三省和内蒙古自治区，而在俄罗斯就业的中国劳动力中70%集中在俄罗斯远东和西伯利亚地区。

2.3 研究述评

国内外学者围绕中俄经贸关系、中国东北地区与俄罗斯东部地区经济合作等问题展开了深入的研究，成果丰富，为中俄发展毗邻地区经济合作提供了翔实的理论依据与充分的实践指导。比较而言，中国国内对于中国东北地区与俄罗斯东部地区经济合作的积极性高于俄罗斯国内。但整体而言，双方都充分认识到两地区合作的内在优势以及巨大的外部推动力，并明确合作之后互利双赢的共同利益，相信两国定会深入开展务实合作，深化全面战略协作伙伴关系。梳理国内外学者的文献综述发现，现有的研究成果存在以下需要进一步完善的地方：

第一，现有研究成果并未对中国东北地区和俄罗斯东部的概念进行明确的界定。本书选取中国东北地区与俄罗斯东部地区经济合作作为研究对象，一是根据中国《东北振兴规划》的规定，本书所指的中国东北地区包括黑龙江、吉林、辽宁和内蒙古东部地区；二是根据普京总统对俄罗斯八大联邦管区的划分，本书将俄罗斯东部地区界定为俄罗斯亚洲部分的西伯利亚联邦管区和远东联邦管区。

第二，现有研究成果针对中国东北地区与俄罗斯东部地区经济合作的研究，还是主要以定性分析为主，通过两地区的地缘优势情况、资源互补情况以及政治互信情况分析两地区开展经济合作的潜力。因此，本书采用定性分析和定量分析相结合的方法，分析中国东北地区与俄罗斯东部地区经济合作的现状和存在问题，有针对性地提出提升两地区经济合作水平的对策建议，促进东北地区经济的发展。

第三，现有研究成果一方面是针对中俄两国整体的合作进行分析，另一方面是针对中国东北地区整体与俄罗斯东部地区经济合作进行研究，对于东北三省和内蒙古自治区与俄罗斯东部地区开展经济合作优势和差异的研究，数量有限。本书基于此考虑，在研究中注重分析各省区的优势与特点，明确其在与东部地区经济合作中的合理定位，对东北地区与俄罗斯东部地区经济合作开展进行阐述。

第 3 章

基本理论与机理分析

本章详细介绍区域经济合作和次区域经济合作的相关概念，明确本书研究的地域范围，系统地梳理区域经济合作的基本理论，并对影响区域经济合作的因素与作用机理进行阐述，为后续开展相关研究提供理论依据，更加全面科学地提出中国东北地区与俄罗斯东部地区开展经济合作存在的问题、影响因素以及相关的对策建议。

3.1 相 关 概 念

3.1.1 区域经济合作

区域经济合作是第二次世界大战以后经济全球化背景下产生的世界范围内的经济现象，是指区域内的两个或多个国家，为获取经济利益和政治利益而采取共同经济政策，消除国家之间商品和生产要素流动的障碍，形成区域性的经济联合或者是实行某种形式的经济联盟。区域经济合作的最终目标是为了实现区域内商品和生产要素的自由移动，使区域内各国的资源优化配置，以实现效率最大化。区域经济合作的主体是国家层面，区域经济合作的典范如欧盟的建立、东盟的合作、北美自由贸易区的形成，都是以国家整体身份参与经济合作。

中俄经济合作是指中俄两国因地理位置毗邻性、经济资源互补性和政治层面互信性而形成的互利互惠经济合作关系。中俄区域经济合作构建的是一种全方位、多层次、宽领域的经济合作。

3.1.2 次区域经济合作

次区域经济合作是在 20 世纪 80 年代末出现的一种新型区域合作方式，它是指地理区位上相近的、具有互补优势的国家或地区在相互接壤或者是相互邻近的区域开展的跨国经济活动，在平等互利基础上，充分发挥比较优势，有效利用区域内外的生产要素，让资源得到有效配置、促进产业结构升级从而推动区域经济发展。其本质就是地理位置相邻的两个或两个以上的国家或地区之间开展的一种局部范围的经济合作，通过贸易投资的便利化、自由化促进跨境贸易和投资的发展。次区域经济合作最早是由时任新加坡总理吴作栋在 1989 年提出的，他主张在地理相邻的新加坡、马来西亚的柔佛州以及印度尼西亚的廖内群岛之间建立经济合作区，首先提出了"成长三角"这一概念。大湄公河次区域合作、"新—柔—廖成长三角"合作、上莱茵边境区合作、美墨边境区合作都属于次区域合作。

次区域经济合作已成为我国与周边国家广泛开展合作的战略选择，在中国东北有大图们江区域经济合作，在西北面有我国新疆、内蒙古与中亚国家推动的中亚区域经济合作，而在南部则有大湄公河次区域合作和泛北部湾次区域经济合作，这些共同构成了中国与周边国家间的次区域合作。[①]

---

① 吴世韶. 中国与东南亚国家间次区域经济合作研究 [D]. 武汉：华中师范大学，2011.

中国东北地区与俄罗斯东部地区的经济合作属于一种次区域经济合作，是在中俄区域内具有互补优势的相近地区开展的经济合作，是一种以互利共赢为目的、以对话协商为原则、以东北振兴和俄罗斯东部大开发战略为动力、以优惠政策为制度导向、以市场为基础、以贸易和投资为主线的经济合作形式。

通常所说的行政区划上的东北地区，包括位于我国东北部的黑龙江、吉林和辽宁三个省份。但是根据《东北地区振兴规划》的内容，东北地区的规划范围不仅包括黑龙江省、吉林省和辽宁省，还涵盖了内蒙古自治区的呼伦贝尔市、兴安盟、通辽、赤峰以及锡林郭勒盟，即内蒙古东部地区，土地总面积达145万平方公里，总人口达1.2亿。① 本书在做数据调查和统计分析过程中，将内蒙古自治区作为统一的整体来研究，保证数据的可获得性和真实性。

在相关的文献中，俄罗斯东部地区的地理范围主要是指乌拉尔山以东到太平洋沿岸的辽阔地区，即乌拉尔山以东的亚洲范围，占全俄罗斯国土面积的2/3以上，但是在行政区划和管理上把东部地区分为三个部分：西西伯利亚、东西伯利亚和远东。② 普京继任总统后为了加强中央对地方的管理，又把俄罗斯划分为八大联邦管区：中央联邦管区、西北联邦管区、南部联邦管区、北高加索联邦管区、伏尔加沿岸联邦管区、乌拉尔联邦管区、西伯利亚联邦管区和远东联邦管区。2009年，中俄关于《中国东北地区同俄罗斯远东及东西伯利亚地区合作纲要（2009—2018）》出台，针对的是中国东北地区与俄罗斯远东及东西伯利亚地区之间的合作；2010年，俄罗斯时任总理普京正式批准的《2025年前远东和贝加尔地区经济社会发展战略》，针对的是远东和贝加尔地区的发展及其与中国东北的合作；2018年正式获批的《中俄在俄罗斯远东地区合作发展规划（2018—2024年）》则强调的是中国与俄罗斯在远东地区的合作。本书所指的俄罗斯东部地区包括西伯利亚和远东两个联

---

① 国家发展和改革委员会. 国务院振兴东北地区等老工业基地领导小组办公室东北地区振兴规划［EB/OL］. http://www.gov.cn/gzdt/2007-08/20/content_721632.htm, 2007-08-20.

② 薛君度，路南泉. 俄罗斯西伯利亚与远东——国际政治经济关系的发展［M］. 北京：世界知识出版社，2002.

邦管区，面积达 1135.29 万平方公里。西伯利亚和远东两个联邦管区共覆盖 21 个联邦主体，2018 年 11 月，俄罗斯为方便管理将原属西伯利亚联邦管区的外贝加尔边疆区和布里亚特共和国纳入远东联邦管区。① 如表 3 - 1 和表 3 - 2 所示。

表 3 - 1 俄罗斯西伯利亚联邦管区基本情况

联邦主体	面积（万平方公里）	人口（万人）	联邦主体	面积（万平方公里）	人口（万人）
阿尔泰共和国	9.29	21.89	图瓦共和国	16.86	32.44
哈卡斯共和国	6.16	53.62	阿尔泰边疆区	16.80	233.38
克拉斯诺亚尔斯克边疆区	236.68	287.4	伊尔库茨克州	77.48	239.77
克麦罗沃州	9.57	267.43	新西伯利亚州	17.78	279.34
鄂木斯克州	14.11	194.42	托尔斯克州	31.44	107.74

资料来源：Официальный сайт полномочного представителя Президента России в Сибирском федеральном округе，http：//sfo. gov. ru/（人口统计截止到 2019 年 1 月 1 日）。

表 3 - 2 俄罗斯远东联邦管区基本情况

联邦主体	面积（万平方公里）	人口（万人）	联邦主体	面积（万平方公里）	人口（万人）
布里亚特共和国	35.13	98.45	萨哈（雅库特）共和国	310.32	95.85
外贝加尔边疆区	43.19	107.28	堪察加边疆区	46.43	32.21
滨海边疆区	16.52	190.27	哈巴罗夫斯克边疆区	78.86	134.39
阿穆尔州	36.37	83.01	马加丹州	46.24	15.70
萨哈林州	8.71	49.80	犹太自治州	3.60	17.66
楚科奇自治区	73.75	5.05			

资料来源：Официальный сайт полномочного представителя Президента Российской Федерации，http：//www. dfo. gov. ru/（人口统计截止到 2019 年 1 月 1 日）。

---

① 远东联邦管区［EB/OL］. https：//vhsagj. smartapps. baidu. com/pages/lemma/lemma？lemmaTitle =% E8%BF% 9C% E4% B8% 9C% E8% 81% 94% E9% 82% A6% E7% AE% A1% E5% 8C% BA&lemmaId = 3633573&from = bottomBarShare&hostname = baiduboxapp&_swebfr = 1，2020 - 02 - 13.

3.2 基 本 理 论

区域经济合作是当今世界经济发展的重要趋势之一，随着区域经济合作实践的不断开展，学术界对区域经济合作理论的研究也不断深化。目前，针对次区域经济合作尚未形成专门、系统的基本理论，但是从原理上讲，区域经济合作理论的思想精髓同样可以适用于两国次区域经济合作的开展。针对重要区域经济合作理论的产生和发展进行梳理对中国东北地区与俄罗斯东部地区经济合作的开展有着重要意义。掌握这些重要的理论，不仅可以为两地开展区域经济合作提供有力的理论支持，还可以为两地区经济合作的实际开展起到重要的指导和预见作用。

3.2.1 区域分工理论

区域分工理论的产生与发展不是一蹴而就的，而是经历了漫长的历史进程，它是随着经济的发展与技术的进步而逐步发展起来的，并且随着世界政治、经济与国际关系的变化而不断调整，从区域分工理论的发展来看，在不同的历史时期，适应当时社会的基本特点，产生了不同的为当时社会经济发展服务的区域分工理论。

3.2.2 国际经济学视角的区域合作理论：区域分工理论

3.2.2.1 区域分工理论的创立：亚当·斯密的绝对成本理论

区域分工理论作为现代经济理论的分支，最早可以追溯到区域分工理论的创始者、英国古典经济学家亚当·斯密，他在 1776 年出版经济学巨著《国民财富的性质和原因的研究》，首次提出绝对成本理论来论证区域分工发生的原因。他指出："如果一件东西在购买时所费的代价比在家里生产时所花费的小，就永远不会想到在家里生产，这是每个精明的家长都知道的格言。""在每一个私人家庭行为中是精明事情，在一个大国的行为中就很少是荒唐的了。如果外国能以比我们自己制造还便宜的商品供应我们，我们最好就用我们有利地使用自己的产业生产出来的物品的一部分向他们购买。"① 斯密的绝对成本理论认为如果每个国家都专业化生产本国成本绝对低于别国的产品，来交换生产成本绝对高于别国的产品将会使各国的自然资源、劳动要素和资本要素获得最有效的利用，一定会提高整个世界的劳动生产率并提高每个国家的福利。

在国际分工学说史上，亚当·斯密的绝对成本理论具有重要的意义。该理论从劳动分工原理出发，在历史上首次论证了贸易互利性原理，这种分工互利的"双赢"理念，至今仍是世界各国积极扩大对外开放、积极参与国际分工和国际交换的指导思想②。

3.2.2.2　区域分工理论的发展：大卫·李嘉图的比较成本理论

英国古典政治经济学家大卫·李嘉图 1882 年出版《政治经济学及赋税原理》一书提出了比较优势理论。与亚当·斯密一样，李嘉图提倡自由贸易，但是比较成本理论主张，国际分工合作的基础并不在于劳动生产率上的绝对差异，只要存在劳动生产率上的相对差异，国际分工和国际贸易就会产生。即使一个国家在两种商品的生产上都不具有优势，另一个国家在两种商品的生产上都具有优势，每个国家只要集中生产并出口其具有"比较优势"的产品，进口其具有"比较劣势"的产品，两个国家都可以获益。即"两优取其最优，两劣取其次劣"的分工思想，是李嘉图比较成本理论的精髓。③

中国东北地区与俄罗斯东部地区的经贸合作建立在比较成本理论基础之上，各地区选择本地具有比较优势的产业进行生产然后进行分工交换，两个地区都可以获益。

---

① 亚当·斯密. 国民财富的性质和原因的研究［M］. 北京：商务印书馆，1972：28－29.
② 张二震，马野青. 国际贸易学［M］. 南京：南京大学出版社，2003：53.
③ 李艳. 论国际贸易理论的体系与发展［D］. 哈尔滨：黑龙江大学，2005.

3.2.2.3　生产要素禀赋理论

20 世纪 30 年代，瑞典经济学家伯尔蒂尔·俄林出版了《地区间贸易和国际贸易》一书，提出了生产要素禀赋理论，用多种生产要素理论，代替李嘉图的单一生产要素理论。① 俄林提出，一国的资源储备相对丰裕程度决定了该国不同产品的生产成本，生产产品需要不同的生产要素，劳动并不是唯一的生产要素，资本、土地和其他生产要素也都在生产中起着重要的作用。俄林进一步指出不同的商品生产需要不同的生产要素配置，各国生产要素储备比例的不同造成各国产品生产成本的差异。因此，商品生产成本可以由劳动生产率差异决定，但更主要是由生产中使用的要素比例和一国的要素禀赋程度决定。由于俄林采用了他老师赫克歇尔的观点，生产要素禀赋理论也被称为"赫克歇尔 – 俄林模型"。

简言之，俄林理论的逻辑思路可以概括为：生产成本所决定的商品价格的差异是国际贸易发生的直接原因；要素价格的不同，决定了各地商品的生产成本的差异；各地的要素禀赋不同，决定了各地要素价格的差异，所以各地区的要素禀赋不同是地区间或国际间进行贸易的前提，因此，如果一国在本国充裕要素密集型的产品生产上具有比较优势，就应该集中生产本国充裕要素密集型的产品并出口，而进口本国稀缺要素密集型的产品。

生产要素禀赋理论比李嘉图的比较成本理论更为深入和全面，指出了生产要素在国际贸易中的重要地位，对二战后的国际贸易理论和实践产生了重要的影响。与强调生产费用绝对低廉的斯密理论相比，李嘉图的比较利益说无疑更为深刻和科学。然而，在试图用生产中所费劳动来说明商品价值与比较利益时，李嘉图将国家贸易的基础仅仅归结为生产所费劳动的相对差别，在考察比较利益时，仅仅注意要素生产率的相对差别而忽视要素相对价格差别对比较利益的影响，这是李嘉图比较利益说的一个重大缺陷，因而难免使其理论失之偏颇。与李嘉图不同的是，俄林以所费劳动（生产函数）的相同假定为前提，在此基础上，用要素禀赋和要素相对价格差别来说明国际贸易，

---

① 张二震，马野青. 国际贸易学 [M]. 南京：南京大学出版社，2003：58.

从而在将比较利益说庸俗化的同时，又对其进行了发展和补充，从而形成了生产要素禀赋理论。

中国东北地区与俄罗斯东部地区在生产要素供给方面高度互补，可以充分依据要素禀赋理论重视推动本国生产丰富要素密集型产品并出口，而进口本国稀少要素密集型产品。俄罗斯东部地区建立在要素禀赋基础上的比较优势在于资源性产品，而中国东北地区的要素禀赋优势产品主要有机电设备、轻工产品、农产品等。

3.2.2.4 区域分工理论的推进：以规模经济和不完全竞争为基础的新贸易理论

20 世纪 70 年代后期，国际贸易出现了一些新的变化：产业内贸易迅速扩大，跨国公司内部的贸易增多，显然，传统的以比较优势为基础的理论难以做出合理的解释，而新贸易理论把规模经济和不完全竞争引入贸易模型，对贸易的成因、得益及贸易模型做出了新的解释。这一理论的最大贡献者就是美国著名的经济学家保罗·克鲁格曼，其理论要点如下：

3.2.2.4.1 规模经济与国际贸易

"新贸易理论认为，相当一部分国际贸易，特别是经济特征相似国家之间的贸易，其产生原因主要是报酬递增形成的国际分工，而不是国与国之间在资源禀赋上存在差异"[①]。

规模经济可分为内部规模经济和外部规模经济，外部规模经济是指产业水平上的规模经济，即厂商水平上的规模报酬不变，但由于厂商的集中与交流而产生的规模效益，它造成了整个地区或整个产业的优势。内部规模经济是指厂商水平上的规模经济，即单个厂商扩大生产或销售的规模，提高了生产效率，使产品的平均成本降低，而产生的报酬递增，它造成了某个企业特定的竞争优势，这种优势主要体现在价格上。内部规模会阻碍产品的差异化。降低成本的压力迫使企业扩大生产规模，由于规模报酬递增的影响，企业的

---

① 保罗·克鲁格曼. 克鲁格曼国际贸易新理论［M］. 北京：中国社会科学出版社，2001：2.

竞争会变得不平等，大企业凭借其低廉的成本能够轻易地淘汰小企业，最终市场上只有少数几家势均力敌的大企业存在。为了进行更专业化的生产以保持规模经济，每个企业只能生产很少的式样和风格的产品，使得一国国内产品的种类减少。例如，在欧洲经济共同体形成以前，在欧洲和美国大部分行业规模大体相同的情况下，欧洲单位成本更高一些，这是因为欧洲工厂比美国相应的工厂生产更多式样和风格的产品，当关税减少和最终消除以及贸易在欧共体内扩大，每个欧洲工厂仅能在一种产品极少几种样式和风格方面专业化生产，从而使单位成本急剧下降。①

克鲁格曼进一步指出"历史某种偶然的因素"是国际分工模式的一个重要原因。这一贸易分工被称为"飞机模式"，即"在飞机制造中，所需要的规模经济之大以至于世界市场最多只能容纳为数不多的制造者，而且世界上一定只有少数几个飞机制造中心"。②"为什么飞机在西雅图制造，其原因很难说是因为这个城市地理位置具有制造飞机的经济特征。与之相反，其关键先是报酬递增这一定律使飞机制造肯定集中在一个地点，而西雅图又偶然是这个转盘上转轮所停住的地方。在许多新贸易理论的模型中，产品在现实世界中的生产地点非常不确定。但是，西雅图这个例子所说明的，以及某些模型所要告诉我们的，都谈到了历史的关键作用。因为西雅图（或底特律、硅谷）是某个产业的发源地，是报酬递增使这个产业在那里发展壮大起来了。"③

新贸易理论成为国际贸易理论史上的又一重要的里程碑。传统国际贸易理论的两个核心是比较利益理论和要素禀赋学说，二者始终作为经典理论在西方国际贸易理论中占据主导地位。根据李嘉图的比较利益说，各国应尽可能地从事其劳动生产率相对较高的商品的生产，并出口这些商品以向别国换取所费劳动相对较多的商品。根据赫克歇尔－俄林理论，各国应该从事较密集地使用本国相对丰裕从而价格相对低廉的要素的商品生产，并出口这些商品以换取需较多地使用本国相对稀缺从而价格相对昂贵的要素的商品。由于发达国家与发展中国家之间无论在劳动生产率还是要素禀赋方面均存在很大

① 胡又欣. 比较优势理论到新贸易理论发展之浅析 [J]. 北京工商大学学报，2001 (5)：4.
② 保罗·克鲁格曼. 克鲁格曼国际贸易新理论 [M]. 北京：中国社会科学出版社，2001：2.
③ 国宴兵. 西方国际贸易理论历史与发展 [M]. 浙江：浙江大学出版社，2004：354.

差异，因此，根据李嘉图和俄林的理论，国际贸易应更多地发生在这两类国家之间。从理论的应用来看，传统贸易理论较客观地解释了宗主国与殖民地之间、发达国家与发展中国家之间的贸易现象。但是传统国际贸易理论解释不了二战以来国际贸易领域出现的新变化，如资源禀赋非常相似的国家间贸易不断增长，美国、日本和欧盟等发达国家或地区间的贸易规模大大超过资源禀赋差异很大的发达国家与落后国家之间的贸易规模，制成品内部的贸易比重上升，跨国公司内部贸易额越来越大，这些现象都与传统贸易理论相悖，引起了西方经济学家对这一问题的关注。20 世纪 70 年代末 80 年代初，以克鲁格曼等人为代表的一些西方经济学家，将规模经济、不完全竞争等范畴引入贸易理论的分析当中，成功地解释了资源禀赋和技术相似国家间贸易以及行业内贸易急剧上升等新国际贸易现象，由此产生了"新贸易理论"。

新贸易理论之所以能够在 20 世纪 70 年代后期产生，主要有以下三个方面原因：一是现实经济现象对传统理论的挑战，要求人们对传统理论进行全面的修正，为国际贸易提供新的理论基础。① 早在 20 世纪 50 年代，里昂惕夫之谜就对以要素禀赋理论为核心的新古典贸易理论提出了挑战，但是，里昂惕夫之谜只不过是利用现实贸易格局对要素禀赋理论的一种检验，它所引起的理论修正基本上是在要素禀赋理论分析框架之中对新古典贸易理论进行修补，而没有对新贸易理论分析范式提出革命性的要求。所以，推动新贸易理论思想产生最为直接的动力在于，传统理论无法解释自 50 年代中后期以来世界贸易模式所发生的革命性的变化。二是现代经济学在 20 世纪 70 年代初期的快速发展为解决这些问题提供了新的分析工具。② 70 年代后期，随着经济学分析方法与工具的改进和进展，一些西方经济学家开始将产业组织理论和市场结构理论嫁接到新古典贸易理论来解释现代国际贸易现象③，从而使得新贸易理论的产生成为必然。三是新贸易理论认识到了自然禀赋是企业优势形成的原因，但强调由于分工而形成的专业化是规模经济产生的主要源泉。从这个角度讲，新贸易理论发展了斯密的绝对优势论，是对绝对优势论认

①② 刘元春. 新贸易理论：缘起及其发展逻辑 [J]. 教学与研究，2004（4）：35 - 36.
③ 任李群. 新贸易理论文献回顾和评述 [J]. 产业经济研究，2001（1）：65.

识的演进。

需要指出的是，尽管用规模经济和产品差异来解释产业内贸易现象成了20世纪70年代以来西方经济学界国际贸易理论的研究热点，然而，直到今天，对产业内贸易这种现象和理论持怀疑的仍大有人在。一些经济学家将产业内贸易看作一种统计现象，认为它由贸易商品的不正当分类所造成。另一些经济学家则试图在赫克歇尔－俄林理论的基础上来说明产业内贸易。因为产业内贸易毕竟不是仅仅发生在要素禀赋相似的国家之间，同时也发生在要素禀赋不同的发达与不发达国家之间。①

3.2.2.4.2　不完全竞争与国际贸易

在比较优势原理中，市场是一个完全竞争的结构，市场上存在有无数的厂商，产品没有差别、信息完全流通，单个厂商没有能力改变价格。但是，可以说在现实的世界中，完全竞争在国际贸易中从来就未曾存在过。由于规模经济的存在，市场规模也是有限的，一个市场不可能允许很多的厂商竞争，从而这个市场就不可能是完全竞争的市场。另外，同行业各个企业所生产的产品也不是同质无差异的，而是具有替代性的差异产品，也就是说，各个厂商虽然同在一个行业中，但实际生产的不是同一种产品。克鲁格曼进一步指出垄断竞争的企业可以通过国际贸易扩大市场和增加消费人口来扩大生产获得规模经济，降低平均成本和产品价格。所以，规模报酬递增与不完全竞争结合起来，说明了贸易的基础不一定是两国之间技术或要素禀赋上的差异而造成的价格差异，扩大市场获得规模经济也是企业愿意出口的重要原因之一。克鲁格曼的这一理论令人信服地揭示了发达工业国家之间的贸易和行业内贸易的原因，补充和发展了国际贸易理论。

3.2.2.5　区域分工理论的新进展：以竞争优势为基础的国家竞争优势理论

20世纪80年代以来，美国哈佛大学商学院教授迈克尔·波特建立起完

---

① 胡永刚. 贸易模式论［M］. 上海：上海财经大学出版社，1999：161－162.

整的国家竞争优势理论，该理论认为，一国的兴旺发达不仅取决于该国的要素状况，更取决于该国主导产业在国际市场中的竞争优势。而国家的竞争优势从根本上说是若干行业的竞争优势问题。因此国家的竞争优势的分析应从行业的角度着手，考察一个国家的经济、社会、政治等环境如何影响各个行业的国际竞争力。影响国家竞争优势的因素主要包括四个基本的决定因素及两个方面的辅助因素，这四个基本因素和两个辅助因素的整合作用，构成了所谓的"钻石模型"①，如图 3 - 1 所示。

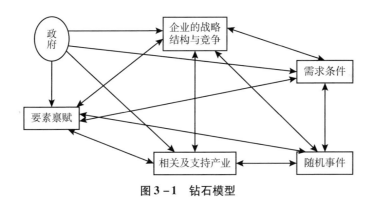

图 3 - 1 钻石模型

图 3 - 1 表明，四个决定因素是：

一是生产要素禀赋。竞争优势论并没有完全否定要素禀赋说，而是认为一国要素状况对其竞争优势的取得起到一定的辅助作用。根据生产要素禀赋理论，一国所出口的商品，应该使用本国具有相对良好禀赋的生产要素。但波特则认为，国家可以创造和发展它们所需要的要素条件。当某一要素条件处于劣势时，应该通过创新从根本上解决问题而不是简单地绕过去。他举了一个简单的例子：众所周知，美国劳动力相对较少、成本较高。"面对相对较高的劳动力成本，美国电子产品公司进行了转移，即将劳动密集型生产活动转移到中国台湾以及其他一些亚洲国家，但产品和其生产加工过程基本不变。可见这种做法只保证了在劳动力成本上与竞争者保持均势，而不是从根

---

① 陈莉. 战后国际贸易理论的发展 [D]. 北京：北京大学，2001：52.

源上提高竞争优势。而日本竞争者则并非如此，面对激烈的国内竞争和成熟的国内市场，他们通过自动化而解除了对人力的依赖，同时减少了产品的零件数量以降低成本，并改进了产品质量。日本公司很快就在美国建立了组装工厂，而这正是美国公司试图要避开的地方。"①

二是国内需求状况。竞争优势理论把需求状况列入影响一国竞争优势的基本要素之一，这是受到瑞典经济学家林德尔提出的需求偏好理论的影响。例如，本国市场对有关行业的某类产品的需求广阔，则该行业就可以形成一定的经济规模，有利于建立该国的国际竞争优势；本国消费者的需求复杂，则会对厂商产生一种压力，在品质、性能、服务方面尽量持续改进，从而提高该国国际竞争力。②

总之，在大多数产业上，国内需求与国际需求都是分割的，国内需求的重要性是外国的需求取代不了的，因为产品的开发、试验和批准的人员基本上都在国内。因此公司对国内需求的压力比对国外需求的压力感觉更强烈。公司经理们的自尊心、荣誉感也更容易迫使他们满足国内需求。因此来自国内市场的需求信息通常在公司的决策中占支配地位。一件产品的设计基础几乎总是反映国内市场需求。③

三是相关与辅助行业。一国产品是否具有国际竞争力也要关注该国是否具有高效的相关与辅助行业。因为是否具有发达的、完善的相关产业及辅助产业，直接关系到主导产业能否降低产品成本、提高产品品质，从而建立起自己的优势。任何行业要取得竞争优势，必须要求先进的支持工业作为其前提条件。这些支持工业构成了它进行技术创新、产品改进的基础。

相关产业最可能促进产业创新，因为相关产业往往可以带来新的资源、新的技术、新的竞争方法，从而能促进产业的创新和升级。例如日本的传真机产业，其相关产业如复印机业、照相器材业、通信业等在日本都十分强，当这些产业的公司大举入侵传真机业时，各自带来的新技术、新方法

---

① 陈莉. 战后国际贸易理论的发展 [D]. 北京：北京大学，2001：47.

② 李晓云. 从比较优势认识竞争优势 [J]. 华南师范大学学报，2001（3）：43.

③ 陈莉. 战后国际贸易理论的发展 [D]. 北京：北京大学，2001：48.

使传真机业迅速发展，在很短的时间里便成为世界领先的产业。相关产业的国际成功也带动了有关产业成功。比如美国计算机在国外的大量销售使美国计算机辅助设备、软件、数据服务等产业也在国外得到了很大的市场。①

四是企业的战略、结构与竞争。只有企业所采取的战略与结构能适应国家环境且又适于培植产业竞争优势的源泉时，国家才能在这些产业上赢得竞争优势，在国际竞争中取得成功。另外，强大的国内竞争是国家竞争优势的重要来源。激烈的国内竞争，会促使企业从事创新，不断更新产品、提高生产效率，是竞争优势产生并得以长久保持的最强有力的刺激因素。

除此之外，两个辅助因素是机遇和政府作用。机遇对于竞争优势也是非常重要的，新技术的应用、投入成本方面的突变，世界市场或外汇汇率的明显变动、外国政府的政治性决策、世界或区域需求激烈波动等机遇事件都有可能使已有竞争对手建立起来的竞争优势失去，并使落后国家抓住机会赢得新的竞争优势。政府可通过补贴、干预、管制等手段来对前四个基本因素施加积极或消极的影响，从而对产生竞争优势的过程施加积极或消极的影响，这种影响也是十分重要的。

从比较优势到竞争优势，是国际贸易理论的最新进展，波特的《国家竞争优势理论》指出：一国兴衰的根本在于国际竞争中是否赢得竞争优势。波特从多方面分析了影响竞争优势的各种优势，主要包括生产要素禀赋，国内需求状况、相关与辅助行业以及企业的战略结构与竞争。这是对既往有关绝对优势理论和比较优势理论论述的综合和提炼。② 例如，在关于"生产要素禀赋"的分析中，我们可以发现要素禀赋论、新要素论的内容；新贸易理论中对外部经济的论述体现在对"相关与辅助行业"的分析上；当波特指出国内需求的重要意义时，实际上是在表述市场规模对生产的影响……。波特把它们纳入一个新的理论框架——国际竞争力理论中，并进行整合，形成了自己的竞争优势论。

---

①② 陈莉. 战后国际贸易理论的发展 [D]. 北京：北京大学，2001.

国家竞争优势理论来源于传统的国际贸易理论，却又超越了传统的理论，否定了传统理论对国家竞争优势地位形成的片面认识，并明确阐述了国家竞争优势的确切内涵。在关于国家竞争优势来源的讨论中，传统比较成本说认为一国丰富的自然资源和廉价劳动力起重要作用，"政府干预主义者"强调政府对于幼稚产业的选择与扶持，另外一些研究企业组织与管理的学者则强调各国企业管理体制的差异。波特认为，上述论点都有一定的正确成分，但并不全面也不切中要害。因为事实表明，许多自然资源丰富、劳动力便宜的国家，其发展成绩并不出色，而缺乏自然资源的日本、瑞士，劳动力昂贵的德国、瑞典却在经济发展中有骄人的表现。即使在那些通常被认为政府采取了广泛干预措施来促进经济发展的国家，如日本、韩国，政府干预的强度和时间也是十分有限的，而且在干预方式的选择上也十分谨慎，主要还是产业界在经济生活中当主角。至于说企业组织结构和管理体制，正如前所述，并没有一种普遍使用的模式，不同性质的产业、不同的外部社会文化环境完全可能造就组织形式完全不同、但却同样有效率的企业。国家优势形成的根本点就在于竞争，而竞争优势是上述四个基本因素和两个附加因素协同作用的结果。也正是在这个意义上，波特理论摆脱了传统理论的片面性、孤立性，从多角度和高层次对国家优势和国际贸易进行了探讨，建立了国家竞争优势的概念体系和理论框架，可能成为一个新统一范式的雏形。①

3.2.3　自由贸易区与自由贸易园区理论

中共十七大报告首次提出"实施自由贸易区战略"。为了正确理解"自由贸易区"的内涵，商务部、海关总署发布《关于规范"自由贸易区"表述的函》，提出自由贸易区（Free Trade Area，FTA）和自由贸易园区（Free Trade Zone，FTZ）的概念。

---

① 陶然，周巨泰. 从比较优势到竞争优势——国际经济理论的新视角 ［J］. 国际贸易问题，1996（3）：32－33.

3.2.3.1 自由贸易区理论

自由贸易区（FTA）是区域经济一体化的重要形式之一。1947 年的《关税及贸易总协定》首次提出这一概念，是指两个或两个以上的国家或地区之间取消关税和进口数量限制，消除彼此之间的贸易壁垒，实现区域内商品的自由流动，但是各成员仍然保持各自的关税结构，对非成员征收关税。目前，自由贸易区涉及的领域不仅涵盖货物贸易领域，还包括了投资领域、服务贸易领域、劳动力流动领域等。北美自由贸易区、中国－东盟自由贸易区就是典型的自由贸易区形式的区域经济一体化。成立自由贸易区产生的经济效应主要包括以下两个方面：

3.2.3.1.1 贸易效应

贸易效应是指在经济资源总量不变、技术水平不变的条件下，自由贸易区成员的贸易、经济发展和物质福利的变动。具体包括：

第一，贸易创造效应。是指在自由贸易区内由于取消了各种限制，交易成本降低，成员国某些国内生产的产品被成员国低成本的出口产品所替代，增加了区域内成员国低成本商品的出口量。贸易双方由于自由贸易区的形成获得了更多的贸易机会和贸易利益，如表 3－3 所示。假定 A、B、C 三国，生产产品的价格分别为 260 美元、150 美元和 100 美元，在自由贸易区成立以前，A 国对进口该产品征收 200% 的进口税，对于 A 国国内市场而言，A、B、C 三国该产品的价格分别是 260 美元、450 美元、300 美元，那么在高关税的保护下，A 自行生产该产品。A、B 两国成立自由贸易区后，区域内免税，对外 A 国仍然维持 200% 的进口关税，对于 A 国市场来说，该产品的进口价格分别变为 260 美元、150 美元和 300 美元。于是 A 国放弃自己较高成本的生产，转而向 B 国进口，贸易发生。A 国减少了消费支出，提高了本国的社会福利水平，资源配置优化。贸易创造效应对于自由贸易区成员以及整个世界都产生了正效应。

表 3－3 　　　　　　　　　自由贸易区成立后的贸易静态效应　　　　　　　　　单位：美元

国家	贸易创造效应			贸易转移效应		
	自由贸易区成立前产品价格	自由贸易区成立前税后产品价格（200%关税税率）	自由贸易区成立后产品税后价格	自由贸易区成立前产品价格	自由贸易区成立前税后产品价格（100%关税税率）	自由贸易区成立后产品税后价格
A 国	260	260	260	260	260	260
B 国	150	450	150	150	300	150
C 国	100	300	300	100	200	200

　　第二，贸易转移效应。是指一国的进口从区域外成本低的国家转向区域内成本高的国家，贸易伙伴发生了转移，如表 3－3 所示。仍然假设 A、B、C 三国生产某产品的价格为 260 美元、150 美元和 100 美元，在自由贸易区成立以前，A 国对进口该产品征收 100% 的进口税，对于 A 国国内市场而言，A、B、C 三国该产品的价格分别是 260 美元、300 美元、200 美元，于是 A 国从成本较低的 C 国进口。A、B 两国成立自由贸易区后，区域内免税，对外 A 国仍然维持 100% 的进口关税，对于 A 国市场来说，该产品的价格分别变为 260 美元、150 美元和 200 美元。A 国的进口从 C 国转向 B 国，这就是贸易转移效应。从世界范围来看，资源配置的效率降低，整个世界的福利水平下降。

　　第三，贸易扩大效应。从需求的角度来看，无论是贸易创造效应还是贸易转移效应都可以产生贸易的扩大。如前所述，对于 A 国而言，自由贸易区成立后进口的成本均有降低，如果 A 国对该产品存在需求弹性，价格降低需求增加，进而进口数量会增加。

　　除此以外，自由贸易区成立之后，成员国之间可以减少海关征税带来的行政支出，减少走私，还可以以一个整体的身份参与国际经济谈判，增强集体的力量。

3.2.3.1.2　投资效应

　　自由贸易区成立后，会产生投资效应，主要包括以下两个方面：

第一，投资转移效应。自由贸易区成立以后，成员国之间的贸易限制逐渐消除，交易规则日趋规范，交易成本随之降低，进而带来更多的交易空间，吸引国外的投资者将原在自由贸易区外部的投资转向区内，从而实现资源的优化配置以及规模经济的产生。

第二，投资创造效应。自由贸易区内贸易便利化、贸易自由化措施使区内成员获得了贸易扩大效应，导致区外企业生产成本相对增加，市场份额减少。因此区外国家会积极调整经营方式，通过投资将生产转向区内，促进区内投资的扩大。另外，区内投资自由化、便利化水平提升，也会吸引区内的成员加大对区内生产的投资，带动经济的增长。

此外，自由贸易区的成立，还会产生消费效应，即进口商品的价格下降，刺激消费者的需求；规模经济效应，即自由市场扩大，激发了投资者投资的动力，加大投资，扩大生产，进而带来规模经济效应；经济增长效应，即随着投资的增加，资本、技术、劳动等生产要素投入数量增加，带动经济增长。另外市场的扩大带来竞争的加强，刺激企业改善技术水平，开展创新活动，从而推动各成员国经济的加速发展。

中国东北地区与俄罗斯东部地区可以积极推动毗邻地区的经济互动，优先在中国东北地区与俄罗斯东部地区建立中俄次区域自由贸易区，消除两地区合作的障碍，促进贸易自由化、投资自由化，为两国进一步建立中俄自由贸易区奠定基础。

3.2.3.2　自由贸易园区理论

自由贸易园区（FTZ）是在一国或地区内划出一定范围推行特殊的税收优惠政策、海关监管政策、投资准入政策以及金融自由化政策的经济特区，以实现该区域的体制创新、经济增长、就业扩大等目标。自由贸易园区一般建立在沿海或者沿边地区，对经济发展具有积极推动作用，具体表现如下：

第一，园区内具有高效和稳定的制度环境，有利于促进园区内创新能力的提升，能够有效提高园区内企业的竞争能力，促进企业的发展，进而带动就业、贸易、投资等多领域的发展。

第二，园区内拥有促进贸易便利化、投资便利化的措施，贸易和投资的障碍少，电子报关、单一窗口等措施的实施降低了交易的成本，提高了企业的收益，进而促进园区整体的发展。

第三，园区的发展不仅促进了园区软环境的改善，同时也可以带动区内硬环境的建设，通过政府和企业的投资，助力交通基础设施的建设与完善。

此外，自由贸易园区的发展，还可以解决园区的就业以及一国的就业问题，增加政府的收入以及外汇储备等。

2013年，国务院正式批准成立上海自由贸易试验区，开启了我国对外开放的新篇章。截止到2021年3月，我国共批准设立21个自贸试验区。自由贸易试验区建设的布局逐步完善，贸易投资自由化、便利化水平稳步提升，金融服务体系日趋完善，成效显著。中国东北地区有两个自由贸易试验区，分别是中国（黑龙江）自由贸易试验区和中国（沈阳）自由贸易试验区。

3.2.3.2.1　中国（黑龙江）自由贸易试验区

2019年，中国（黑龙江）自由贸易试验区成立，包括哈尔滨片区、黑河片区和绥芬河片区，总面积119.85平方公里，哈尔滨片区发展的重点是面向俄罗斯开展全面合作，将哈尔滨作为优先发展的城市，努力打造东北全面振兴的增长极；黑河片区主要推进跨境产业集聚区和边境城市合作示范区的建设，打造沿边口岸物流枢纽和中俄交流合作重要基地；绥芬河片区致力于建设面向国际陆海通道的陆上边境口岸型国家物流枢纽，打造中俄战略合作的重要平台。黑龙江自由贸易试验区，积极落实东北振兴战略的要求，努力推进产业结构转型升级，打造对俄罗斯东部地区经济合作的桥头堡，建成高质量自由贸易园区。①

3.2.3.2.2　中国（辽宁）自由贸易试验区

2017年，中国（沈阳）自由贸易试验区成立，目前包括大连片区、沈阳片区和营口片区，覆盖面积119.89平方公里。大连片区重点开展港航物流、

---

① 黑龙江自由贸易试验区获批——涵盖哈尔滨黑河绥芬河三片区119.85平方公里［EB/OL］. https：//heilongjiang. dbw. cn/system/2019/08/27/058252426. shtml，2019－08－27.

先进装备制造、高新技术等产业，推动东北亚国际航运中心建设；沈阳片区着力打造国家新型工业化示范城市，建设具有国际竞争力的先进装备制造业基地；营口片区注重打造国际海铁联运大通道的重要枢纽。① 辽宁自贸区推进制度创新，努力打造投资贸易便利、高端产业集聚、法治环境规范、金融服务完善的自由贸易园区，引领东北地区转变经济发展方式、提升经济和社会发展的水平。

中国东北地区可以充分利用黑龙江自由贸易试验区和沈阳自由贸易试验区建设的平台，与"一带一路"建设融合发展，与俄罗斯东部地区"一区一港"的建设积极对接，带动中国东北地区与俄罗斯东部地区经济合作深层次务实的发展。

3.2.4　区域经济发展理论

3.2.4.1　增长极理论

增长极理论是一种非均衡发展理论，增长极理论被许多国家广泛地用于指导区域发展的计划之中，对于不发达地区的经济增长有重要的作用。

增长极理论最初是由法国经济学家弗朗索瓦·佩鲁在 1950 年《经济空间：理论与应用》一文中提出的。该理论认为，一个国家或地区的整体均衡增长是不可能实现的，经济增长要依赖于技术进步和技术创新，而技术进步和技术创新不可能在所有区域和产业都均衡发展，当某个区域或某个产业首先抓住了技术创新机遇，获得技术领先优势，经济增长就会高于其他区域或产业。当主导产业掌握了技术创新并在一定区域集聚，就会带来资本集聚，从而形成规模经济。通过扩散效应，优先增长的区域或产业就会带动其他区域或产业的发展，这种主导的区域或产业就形成了"增长极"。佩鲁认为现代市场充满垄断、信息不对称等问题，导致企业无法做出理性的选择，因此

---

① 中国（辽宁）自由贸易试验区 [EB/OL]. https：//baike. so. com/doc/24058850 - 24642537. html，2021 - 01 - 12.

次发达国家或地区在经济发展过程中，可以运用政府行政手段的干预，在经济发展过程中首先选择一个或少数几个"增长极"，加大投入力度，优化资源配置，加强基础设施建设，促进其经济首先的进步，随后再带动其他区域或产业的发展，逐渐缩小区域或产业间的差距。

"增长极"有正向效应——扩散效应，也有负向效应——极化效应，处于"增长极"的区域和产业因其具有绝对优势或相对优势，将会吸引周围的技术、资金、资源、信息、配套的产业流向"增长极"，导致周边区域技术、信息、人员、资金的流出，进而技术出现匮乏、资金短缺、劳动力不足，发展的动力减少，经济进一步落后。但是，在"增长极"发展的初期，极化效应明显，随着"增长极"的成熟发展，其扩散效应会渐渐超过极化效应。短期内，区域内与周边的经济发展差距会变大，但在长期来看，会实现整体相对均衡的发展。"增长极"就是基于"初始均衡—拉开差距—相对均衡"的方向发展的。"增长极"理论的应用在许多国家都获得了成功，法国选择马赛、里昂、南锡等城市作为"增长极"，通过政府投资等优惠政策，促使经济资源和经济活动向此区域转移，缓解了巴黎经济发展的压力，实现了经济的均衡发展；日本二战后为了经济的恢复，选择东京、大阪、名古屋三座城市作为优先发展的"增长极"，强化其扩散效应，弱化其极化效应，实现了快速增长；20 世纪 30 年代的美国，东北部工业发达，西南部以农牧为主，区域经济发展差距较大，美国加强政策引导，大力扶持西部高新技术产业发展，使西部地区的高新技术、资本不断积聚，形成"增长极"，并通过信息交流、商品的交换、要素的流动带动周边地区的发展，东西部经济差距越来越小。

"增长极"理论得到了众多国家的青睐，俄罗斯在东部大开发战略中，也采用了"增长极"理论的做法，选择东部地区优先发展的区域和重点领域进行扶持，例如在东部设立跨越式发展区。在 2018 年《中俄在俄罗斯远东地区合作发展规划（2018—2024 年)》中确定优先发展的领域，来开发利用自然资源、改善基础设施建设，促进高新技术产业的创新发展，最终将"增长极"领域和产业的成功向周边落后区域和产业扩散，最终形成相对均衡的共同发展。

2003 年，中国东北老工业基地振兴战略开始实施，提出要加快促进东北地区产业结构的优化升级，推进资源型城市的转移。中国东北地区有不可替代的地缘优势、特有的分工优势，发展空间广阔，发展潜力巨大。国家出台一系列政策措施扶持东北重点地区和关键产业的发展，力争打造东北成为中国第四增长极，"增长极"理论具有重要的指导作用。

3.2.4.2 点轴开发理论

点轴开发与网络开发是基于空间组织形式的角度来研究区域开发战略的模式，是在增长极理论的基础上产生的。"点"是指区域开发的中心城市，也就是各类的"增长极"，开发的目的就是进一步扩大中心城市的发展，通过中心城市的实力来助力区域经济的发展。"轴"是指连接各个"点"的交通便利、资源丰富的具有开发潜力的社会经济带，既是资源开发、产品和劳务生产流通的基地，也是生产要素交通运输线、网络连接线、能源流动线、供排水的疏通线。"点轴开发"的含义是指在点和轴形成的一定区域内，"以点带线、点轴贯通"，逐步形成产业密集带。轴线首先是为点上的合作提供服务的，其次是利用自身的优势吸引周边的人口和产业向轴线两侧集聚，刺激新的增长点。点轴开发是从发达区域经济中心和轴线向级别较低的中心和轴线地带扩散，进而推动整个区域的经济发展。网络开发理论是在"点轴"开发模式体系完善后"以线织网"，由大量的增长极之间的轴线交织成全面发展的网线，生产要素的利用更加充分，经济活动从集聚经济走向消聚经济并存。

在我国，点轴开发模式是在全国范围内，以具有发展潜力的区域之间、省区之间或城市之间的线状基础设施为轴线，对轴线上的关键点进行重点发展。长江三角洲、珠江三角洲、京津塘地区之间的经济带是国内点轴开发模式应用的成功例证。"一带一路"框架下的中国东北地区与俄罗斯东部地区经济合作，可以将点轴开发模式融入其中，在两地区之间打通运输通道、形成轴线，进而带动轴线地区产能合作以及基础设施的全面建设。

3.2.4.3 区域创新理论

创新的形成和扩散是经济增长的引擎，是区域之间经济增长、经济发展不平衡的一个主要原因。20 世纪 70 年代，西方主要国家强劲发展、经济稳步增长，创新并没有突显出来其作用。随着经济增长势头的弱化，人们需求层次日益多样化，新产品的升级换代在全球范围内日趋激烈，在今天的生产技术和生产组织领域，创新能力成为企业增强竞争力的重要因素。

创新的概念最早是由熊彼特在《经济发展理论》一书中提出的，创新理论的最大特点就是在承接传统知识的基础上强调生产技术创新和生产方法革新在经济发展中至关重要的作用。"创新"包括五个方面：一是产品创新，即生产一种新产品或者是研发一种新的产品特性；二是技术创新，即采取一种新的生产方式；三是市场创新，即选择一个新的尚未进入过的市场；四是资源配置创新，即掌控一种原材料或半制成品新的来源；五是组织创新，也就是实现一种工业的新的组织，例如造成一种垄断地位或打破一种垄断地位。

中国东北振兴，重在创新，俄罗斯东部大开发，需要创新，中国东北地区与俄罗斯东部地区经济合作，更是需要创新，创新合作战略、创新合作模式、创新合作机制等。

3.2.5　地缘经济理论

地缘经济学是一门交叉学科，与地理经济学、国际关系学、经济学交叉渗透，是冷战之后世界经济全球化发展和区域经济一体化不断推进的背景下产生的研究国际关系的新学科。冷战结束后，经济发展成为广大国家竞争的焦点，国家间的经济利益和经济关系将逐步取代军事对抗、国家冲突和政治关系成为国际关系的主体。国家之间没有永远的敌人，也没有永久的朋友，只有国家利益才是永恒的主题。竞争与合作是一种"非零和"的博弈，每个国家都期望通过贸易投资的自由化、生产要素的高效配置，与他国在经济、文化、科技等领域广泛开展合作，保障自身利益，在国际经济竞争中处于主导地位。简言之，地缘经济学是指在特定的空间范围内，以地缘因素为基础，以国家为行为主体，通过研究政治和经济的互动以获得国家利益的学科。

1990 年美国华盛顿战略和国际问题研究中心的爱德华·卢特沃克开创性地提出了"地缘经济"这一说法，为地缘经济理论的建立奠定了基础。随后地缘经济被不同的学者加以分析，形成了三个主要的地缘经济理论学派：美国学派，认为应该由地缘政治学过渡到地缘经济学，用对外投资、金融、高新技术、市场渗透、全球分工等取代军事、武器成为获得国家利益的基础，美国学派尚未将地缘经济学完全脱离于地缘政治学，而是延续了地缘政治理论的分析框架，仍然看重经济竞争与较量上的国家战略问题；意大利学派，认为地缘经济学是以地缘政治研究为出发点的，该学派更加看重国际竞争与合作，参与国际竞争的主体是国家经济行为；俄罗斯学派，将地缘经济与国际发展战略结合考虑，从俄罗斯跨欧亚的地缘情况以及拥有丰富自然资源这一比较优势出发，从国家战略发展的角度，对国家经济、能源、资本、人口、区位等方面进行研究，提出了基于地缘经济理论构建和谐秩序的路径与建议。①

地缘经济理论以地缘政治理论为分析基础，对一国的政治环境、国家安全、经济发展、科技进步等方面进行综合的衡量，形成了以下主要观点：

首先，地理因素是地缘经济的最基本因素，一国的地理因素包括国家的地理位置、自然资源禀赋以及气候条件等，这些因素都会对国家的经济发展和政治安全产生影响。地理区位包括地理位置、周边国家的情况，是一国制定对外战略的基础；自然资源数量、分布、开发利用情况又决定了该国参与经济活动的模式、国家的发展潜能以及在国际上的地位；气候环境的优劣，影响经济发展的潜力、资源开发的利用率、劳动人口的数量等。

其次，地缘经济关系的两种表现形式是竞争与合作。一国通常倾向于首先选择地理位置相邻近的国家开展合作，这种因为地理位置上的连接而形成的经济关系，就是地缘经济关系。这种地缘经济关系具体表现可以是合作的互补关系，也可以是对立的竞争关系。地缘经济理论受以美国为首的西方国家思维的影响，更强调竞争，利益高于他国是其最终的目的。

最后，在经济全球化背景下，各国获得利益的方式是通过资本投资、国际经济贸易、国际援助等经济手段，取代以对抗为主的政治手段。通过建立

---

① 李正，陈才，熊理然. 欧美地缘经济理论发展脉络及其内涵特征探析 [J]. 世界地理研究，2014，23（1）：10－18.

起地缘经济力量，维护自己的强权地位，不惜损害周边国家的利益。一国地缘经济状况是一国崛起与衰退的重要影响因素，地缘经济活动是国际关系的主要内容之一，地缘经济为基于国际关系理论解释国家如何通过经济手段来实现国家战略目标提供了一个有力的分析框架。①

中国东北地区与俄罗斯东部地区的合作首先是基于地缘关系而产生的，并因地缘经济关系的发展而逐渐深化。在地缘经济理论的指导下，双方以经济手段代替政治手段，以合作共赢代替冲突竞争，最终实现双赢的健康新秩序。

3.2.6 博弈论

两国区域合作开展的基础在于国家之间的相互依赖与合作博弈，随着全球经济一体化的发展，各国经济政策相互影响，一国的经济政策往往能带动或抑制其他国家的经济发展。所以各国在制定政策时，除了要考虑本国的经济影响，还要充分考虑其他国家的反响，以及其他国家反响对本国经济政策效果的影响。在区域经济合作的研究中，博弈论给我们提供了一个有力的理论依据，有助于我们探讨国家之间的区域经济合作模式。

博弈论是应用数学的一个分支，也是运筹学的一个重要学科。目前广泛应用于生物学、经济学、国际关系学、计算机科学、政治学以及军事战略等多个学科。博弈论又称对策论，研究的是多个参与者，可以是个人，也可以是企业，还可以是国家或国际组织等，在特定的条件约束下，同时或者先后，一次或多次地选择可能的行为或策略并且付诸实施，最终获得相应结果的过程。博弈论是研究具有竞争性质现象的理论和方法，在这类现象中，参与竞争的各方拥有不同的目标和利益，为了实现自己的目标，保证自己的利益，必须充分考虑竞争对手各种可能的行为或决策，并力争选取对自己最有利的对策。简言之，博弈论就是研究各参与主体相互影响时如何决策，以及采用

---

① 丁云宝."一带一路"视域下的新地缘经济观 [J]. 同济大学学报（社会科学版），2019，30（2）：35-44.

决策时各决策主体之间的均衡问题。1928 年冯·诺依曼证明了博弈论的基本原理，代表博弈论的正式产生。随后在 1944 年，冯·诺依曼和摩根斯坦两人共同出版了《博弈论与经济行为》，将两人间博弈推广到 n 人之间的博弈结构，将博弈论广泛地应用到了经济领域，进而奠定了这一学科的理论体系。20 世纪 50 年代，博弈理论进入成长期，在 1950 年和 1951 年两年间，约翰·福布斯·纳什运用不动点定理验证了均衡点的存在，从而为博弈论的一般化发展构建了坚实的基础。纳什发表的《n 人博弈的均衡点》《非合作博弈》论文，指出了纳什均衡的定义以及均衡存在理论，为非合作博弈论铺垫了坚实的基础，同时也使博弈论的研究进入了一个全新的领域。60 年代是博弈论的成熟时期。泽尔腾、海萨尼解释了不完全信息理论，将不完全信息理论引入博弈论的研究，使非合作博弈的内涵更加丰富，进而使博弈论拥有了完整而系统的体系，具有了更大广泛性。20 世纪 70 年代至今是博弈论不断发展的时期，对其他学科发展的影响日趋明显。其中非合作博弈论在经济学模型中应用广泛，是人们认识问题、分析问题并解决问题的重要工具，使许多经济学里的难题获得了解释。

博弈分为两种：合作博弈与非合作博弈。运用合作博弈以及非合作博弈能够有效解释两国区域合作的可行性和必然性，在此基础上进一步探讨如何建立稳定而有效的合作机制实现两国发展的双赢格局。

博弈论中的合作博弈是指当参与主体的决策相互作用时，各方可以达成有约束力的协议。结果是双方都在合作中获益，或者是至少一方获益而其他方的利益不受影响；非合作博弈就是指双方不能达成一个具有约束力的协议，它涉及的是所有参与者的最优决策和他们各自的理想状态，那么很显然，博弈的结果有可能有效率，但也有可能根本就是低效率或者没有效率，非合作博弈缺少各方的协调，是利己的决定，容易出现"囚徒困境"的状况，有可能最终各方的愿望都不能实现。因此为了避免出现"囚徒困境"，合作博弈随之而生。

中国东北地区与俄罗斯东部地区开展经济合作，应该在合作博弈的框架下开展，双方通过平等对话，友好协调，提升贸易便利化水平和投资便利化水平，最终获得双赢的利益。

3.2.7 理论述评

目前，关于次区域经济合作还缺乏系统的理论基础，区域经济合作的基本理论在一定程度上可以解释次区域经济合作的问题。如图3-2所示，本书在分析区域经济合作基本理论的基础上，结合中国东北地区与俄罗斯东部地区经济合作的实际情况，探讨两地区开展区域经济合作的前提条件、制约因素、存在问题，并借鉴世界主要次区域经济合作的做法，提出提升两地经济合作水平的对策建议。

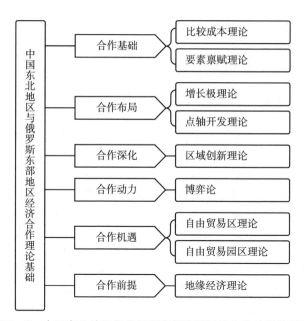

图3-2 中国东北地区与俄罗斯东部地区经济合作的理论基础

3.2.7.1 区域经济合作的基础：比较优势理论和要素禀赋理论

一国或地区拥有的要素禀赋方面的比较优势，是开展区域经济合作的基础。比较优势理论和要素禀赋理论指出，一国或地区在本国充裕要素密集型的产品生产上具有比较优势，在区域经济合作中，应该充分发挥本国或地区的比较优势，专门生产本国或地区充裕要素密集型的产品并出口而进口本国或地区稀缺要素密集型产品。中国东北地区与俄罗斯东部地区具有开展经济合作的互补性优势，本书基于比较优势理论和要素禀赋理论的思想精髓，梳理两地区的互补性优势，进而提出提升两地经济合作水平的建议。

3.2.7.2　区域经济合作的布局：增长极理论和点轴开发理论

增长极理论与点轴开发理论是从空间布局的角度阐述区域经济合作的方式。增长极理论认为一国或区域不可能实现全面同步的发展，可以选择具有比较优势或者绝对优势的区域或产业优先发展，进而带动整体的均衡发展。点轴理论是增长极理论的发展，该理论的"点"指的是被视为具有增长极优势的城市，"轴"是连接各个点的运输便利、具有发展潜力的经济带，"以点带线，点轴贯通"是该理论的重要思想。本书基于这两个理论提出将中国东北地区与俄罗斯东部地区的能源、基础设施建设、农业、科技、金融等产业作为优先发展的方向，带动其他产业的发展，借助自由贸易试验区的建设将黑龙江和辽宁自由贸易试验区所包含的六大片区打造为经济增长极，然后带动其他城市的发展。发挥缔结的友好省（市）之间的关联作用，带动其他城市的发展。

3.2.7.3　区域经济合作的深化：区域创新理论

创新是区域经济发展深化的重要表现，是经济实现稳定增长的重要推动力。通过制度创新拓展经济合作的深度，依赖科技创新改善产业合作的层次，基于合作方式创新，拓宽经济合作的领域。中国东北地区与俄罗斯东部地区的经济合作需要创新，本书基于区域创新理论分析两地区经济合作的制度创新、科技创新以及合作方式的创新。

3.2.7.4　区域经济合作的动力：博弈论

博弈论中的合作博弈阐述了两国或地区开展经济合作的必然性。实践中，竞争是一切经济关系的基础，合作的存在是相对的，非合作博弈在实践中更为广泛，博弈论可以广泛应用于经济领域。在国际经济合作中，自由是相对的，保护是绝对的，为了维护本国经济的安全与发展，一国或多或少都采取了保护的经济政策。如果两国在制定经济政策时，各自为政、互不合作，就会出现以邻为壑的"经济战"，相互报复，最终进入恶性循环，所以都应该采取合作博弈，避免经济政策的低效率或无效率。基于合作博弈，本书指出中国东北地区与俄罗斯东部地区应该积极发展战略协作伙伴关系，通过对话协商构建制度安排，促进经济合作水平的提升。

3.2.7.5 区域经济合作的机遇：自由贸易区理论与自由贸易园区理论

自由贸易区理论强调的是两个国家或地区之间的合作，而自由贸易园区理论强调的是在一国或地区内划定一定的区域作为特殊发展的区域。这两个理论为中国东北地区和俄罗斯东部地区开展特殊经济区域的建设、构建次区域自由贸易区提供了理论依据。本书基于这两个理论探讨通过东北地区自由贸易片区的建设和俄罗斯东部"一区一港"的建设，努力打造两国次区域自由贸易区。

3.2.7.6 区域经济合作的前提：地缘经济理论

中国东北地区与俄罗斯东部地区的经济合作属于次区域经济合作，次区域经济合作的出发点在于两地区在地理位置上的邻近。地缘经济理论强调地理因素是开展区域经济合作的前提，合作双方应该将边界的屏蔽效应转化为中介效应，由地缘政治向地缘经济转化。本书研究的中国东北地区与俄罗斯东部地区的经济合作首先是基于地缘关系而产生的，在地缘经济理论的指导下，两地区以经济手段代替政治手段，以合作共赢代替冲突竞争，最终实现双赢的健康新秩序。

3.3 区域经济合作的影响因素与作用机理

区域经济合作受多种因素影响，不仅受国内经济、社会、空间、政策等方面的影响，还与国际政治经济环境有一定的关系。本书选取对中国东北地区与俄罗斯东部地区经济合作影响较大的因素进行分析，为后文对策的提出提供依据。如图 3 - 3 所示。

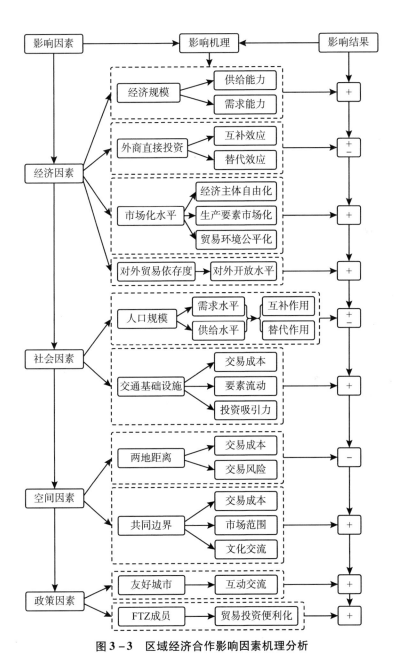

图 3 - 3　区域经济合作影响因素机理分析

3.3.1 经济因素

3.3.1.1 经济规模

经济规模是衡量一个国家经济发展水平的重要指标，是影响区域经济合作水平的重要因素，一国或地区的经济规模可以用国内生产总值（GDP）或者人均 GDP 来表示，反映的是一国的经济发展水平和人们的收入水平。经济规模对双边贸易流量的影响可以从供给和需求两个角度来衡量。

出口国的经济规模反映的是其供给能力，经济规模越大，供给能力越强。对于出口国企业来说，较大而稳定的市场规模有助于企业扩大生产，形成规模经济。而稳定的生产又有助于企业开展创新活动，进而形成产业优势，生产成本降低，获得出口竞争的优势，促进贸易规模的扩大。

进口国的经济规模反映的是其需求能力，国内经济发展稳定，经济规模不断增加，刺激投资者扩大投资，大规模的生产，就会对国内外原材料或者初级产品产生强烈的需求，进而扩大此类产品的进口。另外，对于消费者来说，需求能力体现在消费水平上，消费水平提升了，也会增加对国外产品的购买，进口制成品的数量会增加，对于国际贸易有促进作用。总之，经济规模与经济合作水平成正相关关系。

3.3.1.2 外商直接投资

外商直接投资的数量对一国经贸发展的影响是双重的，外商直接投资对贸易的影响来源于两个效应：一是外商直接投资对贸易产生替代效应，外商直接投资会提升本国的生产水平，会减少其对伙伴国的需求，从而实现对商品贸易的替代；二是外商直接投资会对贸易产生互补效应，外商投资增加，有助于提升本国的生产技术水平和生产效率，降低商品的成本，提升产品的品质，创新产品的类型，有利于开展出口贸易。因此，外商直接投资对经贸合作水平的影响需要看外商直接投资对贸易产生的替代效应和互补效应的程度，一般认为外商直接投资带来的互补效应大于替代效应。

3.3.1.3 市场化水平

一国或地区的市场化水平是影响国际区域经济合作的一个因素。一国或地区的市场化程度如何，主要体现在经济主体的自由化、生产要素市场化、贸易环境公平化这三个方面。经济主体自由化程度高，企业成为市场的主体，自主经营、自由创新的能力提升，激发了企业开展国内和国际合作的潜能，有利于促进本国或地区经济的发展以及国际合作的开展；生产要素市场化进程的推进，可以促进资源的优化配置，提高企业的劳动生产率水平，为开展国际经济合作奠定基础；贸易环境公平化进程的加快，提升了开展国际合作的便利化水平、自由化水平，有利于节约交易的成本，消除经贸合作的障碍，进而推动双边贸易流量的提升。

3.3.1.4 对外贸易依存度

对外贸易依存度是一国或地区对外贸易总额占国民生产总值或国内生产总值的比重，对外贸易依存度大小，反映该国或地区对对外贸易的依赖程度。一国或地区对外贸易依存度越高，进出口的规模都会相应提升，与贸易伙伴的合作增强。因此，对外贸易依存度与区域经济合作水平呈正比例关系。

3.3.2 社会因素

3.3.2.1 人口规模

人口规模也是影响双方经济合作的核心因素之一，人口规模的大小对经贸活动的影响也是多重的。一般认为，人口规模反映的是一国的商品供给能力和资本输出能力，人口增加能够使出口国供给能力提高，与经贸合作水平成正相关，但是人口增加也会使本国市场扩大，消费增加，冲抵贸易规模和投资规模的提升；另外，人口规模还可以反映需求能力，人口增加会提升对国外产品的需求，进而可以提高贸易规模，也会提升对外资的吸引力，促进外商直接投资的增加。人口增加也会使本国市场供应扩大，从而减少对国外产品和资金的需求，对贸易额和投资额产生冲减作用，而且人口增加会引起国内分工的深化，对对外贸易或外来投资起替代作用。

3.3.2.2 交通基础设施状况

交通基础设施是由政府投资的公共物品，一国或地区交通基础设施水平将直接影响区域经济合作的效率与质量。一是发达的交通基础设施，可以提升贸易便利化水平，有助于节省交易的成本，节省交易的时间，信息沟通渠道畅通，交易的安全度提高，还有助于推动两地区人民文化交流活动的开展，这些都有助于推动两地经济合作的开展。二是交通基础设施的功能在于完成货运和客运，完善的交通基础设施条件可以有效促进商品、生产要素的顺利移动，促进信息、科技在市场上的流动效率，可以提高合作效率，实现资源优化配置，带动包括贸易和投资在内的经济增长。三是交通基础设施情况，在一定程度上使得投资环境改善，减少了投资的障碍。完善的设施情况、高效率的信息沟通一定会更加吸引国外投资者的兴趣，进而带动本地区经济贸易的发展。

3.3.3 空间因素

3.3.3.1 两国或地区间的距离

两个国家或地区之间的距离是影响双方经济合作水平的核心要素，并且距离与经济合作水平负相关。两国或地区之间的距离越远，运输成本越高、运输风险性越大，从而使得交易的成本越高，影响经济合作水平的提升；如果两国或地区距离越近，表明合作成本降低，可以促进经济合作的开展，尤其是毗邻地区的经济合作具有充分的地缘优势。

不过随着经济的发展、技术的进步，各国或地区交通运输能力都得到了一定的改善。受区域经济一体化和互联网技术的影响，距离所产生的限制作用以及其对运输成本的影响日趋减弱，甚至近年来一些学者认为距离对国际贸易、国际投资的影响已经非常有限，正在慢慢消失。

3.3.3.2　共同边界

两国或地区之间是否存在共同边界，也是影响双方经济合作水平的重要因素之一。如果两国或地区有共同边界，相互接壤，一是双方的运输成本降低，信息沟通的效率提升，进而可以降低合作的成本，提升贸易便利化、投资便利化的水平，从而促进经济合作水平的提升；二是共同边界的效应正在从防御效应变成中介效应，双方的市场范围扩大，两国或地区都期望通过同毗邻国家的往来与合作带动本地经济的发展，而且双方地理位置相邻近，可以充分利用双方各自的比较优势，扬长避短开展合作；三是双方地理位置邻近，毗邻地区人民的交往更加顺畅，文化会渐渐趋同，人民消费方式以及生活习惯都会趋于相似，这些都会带动两地区经济合作的深入开展。

3.3.4　政策因素

3.3.4.1　缔结友好城市

两个国家或城市缔结友好城市，可以为区域经济合作搭建便利的沟通合作平台。友好城市可以作为区域经济合作的窗口和桥梁，有助于推动两地区经济合作的深入开展。以友好城市为平台，相互之间可以通过组织企业到对方城市进行实地考察，或者邀请外商前来参观，开展经济合作，达成贸易合同，拓展投资的领域和规模，提升经济合作的水平。以友好城市为经济发展的"增长点"，带动两点之间交通基础设施完善、比较优势明显、具有发展潜力的区域的发展。

3.3.4.2　自由贸易试验区成员

自由贸易试验区是在一国国境内关境外设立特定区域，实施特殊的优惠政策，贸易投资自由化、便利化水平高，营商环境优良，提升了本地吸引外商直接投资的能力，极大地促进了本地区对外贸易的规模与吸引投资的数量。自由贸易试验区成员开展对外经济活动的成本低，与经济合作水平正相关。

3.4 本章小结

本章首先界定了中国东北地区与俄罗斯东部地区经济合作的概念。根据《东北地区振兴规划》的内容，中国东北地区的规划范围包括"三省一区"：黑龙江省、吉林省、辽宁省以及内蒙古东部地区。本书在进行数据调查和统计分析过程中，将内蒙古自治区作为统一的整体来研究，保证数据的可获得性和真实性。俄罗斯东部地区包括西伯利亚和远东两个联邦管区，共覆盖21个联邦主体。

其次对区域经济合作的基本理论进行了梳理，提出了比较优势理论、要素禀赋理论、自由贸易区理论与自由贸易园区理论、增长极理论、点轴开发理论、区域创新理论、地缘经济理论、博弈论在中国东北地区与俄罗斯东部地区经济合作中的应用。

最后从经济、政策、社会、空间等角度对区域经济合作的影响因素与作用机理进行了分析。经济规模、市场化水平、对外贸易依存度、交通基础设施情况、友好城市缔结、自由贸易试验区成员与双边经济合作水平成正相关，两地之间的距离与经济合作水平负相关。人口规模、外商直接投资水平对双边合作水平的影响待定，一般情况下，二者与经济合作水平正相关。

中国东北地区与俄罗斯东部
地区经济合作的现状分析

中国东北地区与俄罗斯东部地区的经济合作由来已久，双方合作领域不断扩大，合作机制不断完善，促进了两地区政治互信、经济发展以及文化交流等，进而带动了中俄两国经济合作的全面开展。本章首先以时间为主线，梳理中国东北地区与俄罗斯东部地区经济合作的历史沿革，其次从贸易合作、投资合作、产业合作角度对两地区合作的具体情况进行详细的阐述，对能源、农业、交通基础设施、金融等重点领域的合作情况展开介绍，最后提出两地区合作存在的问题，为本书最后提出两地区合作的对策建议提供支撑。

4.1 中国东北地区与俄罗斯东部 地区经济合作的历史沿革

4.1.1 平稳过渡和稳步发展阶段:1978~1991 年

1978 年,中共十一届三中全会以后实行对外开放政策,苏联也努力使其对外政策日趋经济化。此时,两国的经贸政策出现较大变化,开始进入稳定发展时期。中俄贸易合作扩大,黑龙江省与苏联贸易有所回升。1982 年,经国务院批准,黑龙江省恢复了在 1967 年中断的苏联远东地区的地方边境贸易,贸易方式为简单的易货贸易,截至 1985 年,边境贸易额达 1.31 亿美元。1986 年,黑龙江加快了对苏联、东欧等国家的对外开放。1988 年,我国出台《关于黑龙江省对苏联边境易货贸易和经济技术合作问题的批复》,明确了对苏联经贸合作的一些支持政策,使黑龙江省对苏联贸易迎来一个小高峰。

1991 年 3 月,中俄双方共同签署了《中国和俄罗斯联邦政府经济贸易关系协定》和《关于鼓励和相互保护投资协定》两项协定,为双方贸易和投资关系的发展提供了法律保障,双边投资发展迅速。1991 年,俄罗斯对中国直接投资额仅为 116 万美元,随着俄罗斯颁布《俄罗斯联邦外国投资法》,为国外投资者提供最基本的法律保障,双方的贸易和投资向规范化方向发展。1992 年俄罗斯对中国直接投资额急速提升为 1627 万美元,增加了 13 倍;1993 年快速增至 4194 万美元,为 1991 年投资额的 36 倍。在此背景下,中俄经济贸易关系也得到了快速发展。我国充分重视"国内国际两个市场",双方合作的愿望比较迫切,合作进入稳步发展时期。

4.1.2 睦邻友好和互利合作时期:1992~1999 年

俄罗斯独立之初,激进型的改革方式曾导致国家经济全面衰退,1991 年俄罗斯的 GDP 增长率为 -5.0%，1992 年进一步下降为 -14.5%。① 由于俄罗斯大幅度减少了对东部地区的资金投入，导致东部地区的经济状态更加恶化，物资供应紧张，急需大量价格低廉的日用消费品和食品来保障人们基本生活的需要。与此同时，俄罗斯交通运输费用迅猛提升，运输成本在众多产品生产成本中所占的比重达 20%～30%，所以东部地区很难与相距遥远的中央地区和东欧国家等传统贸易伙伴维持原有的经济联系，急需与周边国家开展行之有效的合作以渡过困境。

为了大力发展俄罗斯东部地区，俄罗斯相继出台了一系列促进东部地区快速发展的政策措施。1992 年，中国与俄罗斯两国发表《关于中俄相互关系基础的联合声明》，建立睦邻友好和互利合作关系，双方在该项声明中特别提到要在平等互利原则基础上保持和发展双边贸易领域合作。在此背景下，俄罗斯东部地区与中国东北地区之间易货贸易迅速发展，并带动了中俄经贸的快速发展。1992 年中俄双方进出口贸易额达 58.62 亿美元，比 1991 年增长逾 50%；1993 年贸易额又上升至 76.79 亿美元，比上年增长 31%，创造了中俄贸易额的最高纪录。1990 年以后，地区贸易、国际贸易、边境贸易融为一体，组成一支浩浩荡荡的对俄贸易大军，从而使边境贸易迅速发展。② 易货贸易适应了当时中俄双方经济发展的需要，符合两地经济发展的客观现实。通过易货贸易，从中国进口的商品满足了俄罗斯东部地区居民生活必需品的需求，缓解了居民的生活困难。而中国则通过易货贸易，从俄罗斯换回了大量的生产资料，促进了国内的生产和建设。

1996 年，俄罗斯批准了《远东与外贝加尔经济和社会发展联邦专项纲要（1996—2005 年）》，提出要发挥远东地区的资源优势，加强基础设施建设，提升远东地区在国际经济活动中的竞争力，加大了与中国的经贸合作。

随后，两国领导人共同签署《1996 年中俄联合声明》，宣布发展平等信任的、面向 21 世纪的战略协作伙伴关系。报告指出，两国边境和地区之间的往来与合作是中俄睦邻友好、互利合作关系的重要组成部分。双方愿意进一

---

① 程亦军. 后危机时期的俄罗斯经济形势 [J]. 欧亚经济，2014 (6)：14-25，123.
② 金昭. 从中俄（苏）政治经贸关系的建立历程看两国边境贸易的发展 [J]. 东欧中亚市场研究，2001 (2)：10-13.

步共同努力，使这种往来与合作获得国家支持并继续朝着健康有序的方向发展。采取有力措施，利用两国地缘相近和经济互补的独特优势，进一步扩大和发展双边经贸合作。双方提出注重生产和科技领域重大项目的合作，这是提高双边合作水平和档次的重要途径之一。双方进一步提出，能源、机器制造、航空、航天、农业、交通、高科技应为重大项目的优先领域。①

4.1.3　营造互信与建立框架阶段：2000～2008 年

普京执政后将恢复俄罗斯经济作为国家发展的第一目标，更加重视东部地区的开发。进入 21 世纪，中国也高度重视东北地区的振兴。中国东北老工业基地同俄罗斯东部地区的互动合作是中俄双方的共同愿望，两地区互补性需求是双方开展区域经济合作的基石。其中，能源合作成为双方合作的重要方面。进入 21 世纪，国际能源价格飙升，每桶石油从 1999 年的 15.9 美元增加到 2006 年的 65.15 美元。俄罗斯开始加大对东部地区能源的开发力度，充分发挥该地区的比较优势。进入新世纪，中国经济快速发展，成为全球经济最具活力的国家之一。2000 年，中国的 GDP 增长率达到了 8.43%。快速的经济发展对能源产生了极大的需求，为俄罗斯东部地区的能源提供了广阔的市场。不仅如此，两地区的商品贸易也在发展，中国生产的优质农产品和轻工业产品对俄罗斯消费者产生很大的吸引力。随之而来的是，劳动力资源的互补性也在增强。由于中国东北地区与俄罗斯东部地区相接壤，中国东北地区的很多劳动力开始选择到俄罗斯东部地区从事农业、林业、建筑业等工作。

2002 年，我国提出振兴东北老工业基地，支持加快调整和改造东北地区等老工业基地，促进资源型城市和地区发展接续产业。2003 年，公布《关于实施东北地区等老工业基地振兴战略的若干意见》，强调要进一步扩大对内对外开放，充分利用中国与俄罗斯在毗邻地区的地缘优势，充分发挥东北地区现有港口的条件和优势，加强与周边国家的合作。中国政府陆续颁布了多项加快改革与开放、促进东北地区振兴的区域发展的优惠政策。

---

① 中俄联合声明（1996 年 4 月）［EB/OL］. http://www.cctv.com/special/903/6/70501.html.

2003 年，俄罗斯颁布《1996—2005 年和 2010 年前远东和外贝加尔地区经济与社会发展联邦专项纲要》，提出进一步对交通运输、能源、农业、就业、社会服务设施等领域进行支持，特别提出要把俄罗斯东部地区与中国东北地区的经济合作作为优先选择。①

这一阶段，中俄在边境地区的经贸合作稳步进行。2002 年中俄边境贸易额为 31.7 亿美元，占中俄双边贸易额的 20.1%，到 2003 年上升为 35.2 亿美元，占双边贸易额的 22.3%，2004 年，双方边境贸易额为 42 亿美元，占双边贸易额约 20%。2005 年中俄两国边境地区的外贸额达 86.4 亿美元，占中俄贸易总额的 30%，其中，中俄边境贸易额达 55.7 亿美元，比 2004 年增长 32.62%，占到中俄贸易额近 20%，占同期中俄边境外贸额的 64.47%。②

2007 年 8 月，《东北地区振兴规划》出台，将内蒙古东部地区纳入规划范围。由于内蒙古东部地区北与俄罗斯的赤塔州接壤，与东北三省共同构成东北地区向北开放的前沿。2007 年，在中国东北地区全面振兴的背景下，俄罗斯政府提出了"东部大开发战略"，对俄罗斯西伯利亚和远东地区进行深度开发。

这一阶段，中国东北振兴战略与俄罗斯东部开发战略有效对接，发展理念越来越契合，共同着力提升对外开放水平，积极改善投资环境，在政策支持下规范化、规模化地向前发展。

4.1.4　项目实施与战略互动阶段：2008～2012 年

此阶段为俄罗斯"梅普组合"时期，俄罗斯经济发展的重点仍然是促进东部地区经济发展。2008 年世界金融危机爆发，中俄两国加强了两地区的合作。2009 年中俄签署《中国东北地区同俄罗斯远东及东西伯利亚地区合作纲要（2009—2018）》，标志着中俄两国在毗邻地区的合作进入了一个实操阶段，将双方的合作扩大为涵盖口岸及边境基础设施的建设与改造、地区运输

---

① 刁秀华. 俄罗斯与东北亚地区经济合作的进展——以能源合作和中俄区域合作为视角的分析 [M]. 大连：东北财经大学出版社，2011：153.
② 宿丰林，杨芳. 中俄边境贸易的过去、现在与未来 [J]. 西伯利亚研究，2006（6）：8-10.

合作、园区合作、劳务、旅游、人文、环保合作等领域。重点合作项目包括：共同建设大交通、大流通、大市场，推进交通运输的互联互通，形成多边国际运输网络，启动跨境大桥、口岸等项目的建设，打造人员流动和货运通畅的运输环境；进一步加强地区科技、旅游、环保以及人文合作，带动民间交往，巩固中俄关系的社会基础；推动地区重大项目合作，主要针对规模大、示范效应强、建设条件成熟的投资合作大项目进行重点支持和推进。通过《规划纲要》的落实转变合作模式，实现从以贸易交换为主向以投资合作为主，从资源型贸易向加工型贸易的转变。

《规划纲要》辐射面宽，进一步明确了中俄地区推荐合作的重点项目。其中在俄罗斯开展的重点项目 80 多个，几乎覆盖了远东及东西伯利亚的所有地区，计划在中国东北地区各省份实施的重点项目包括内蒙古 21 项、黑龙江 33 项、吉林 37 项、辽宁 20 项，总计 111 项。[①]

2010 年，俄罗斯批准《2025 年前远东和贝加尔地区经济社会发展战略》，高度重视远东和贝加尔地区发展，并将其纳入国家长期发展战略，加快俄罗斯融入亚太地区经济空间的步伐，两国在毗邻地区的合作有着广阔、稳固而坚实的基础，将中国东北地区作为最关键的优先合作方向。

4.1.5 制度建设与全面发展阶段：2012 年至今

2012 年以后是普京重新执政时期，2018 年普京又继任俄罗斯总统，在这一阶段，不断加强与中国的务实合作，重点关注中国与俄罗斯在远东地区的合作。在 2009 年《中国东北地区同俄罗斯远东及东西伯利亚地区合作纲要（2009—2018）》到期后，2018 年，中俄双方又签署了《中俄远东地区合作发展规划》，作为两国在远东地区开展全方位合作的纲领性文件，为两国地方和企业合作提供具体指导。[②] 除此之外，双方还通过"一带一路"倡议与欧亚经济联盟的对接，与北极航道开发战略对接，借助区域外部合作发展的巨

---

① 谢颖. 解读《中国东北地区同俄罗斯远东及东西伯利亚地区合作规划纲要（2009—2018）》[J]. 黑龙江对外经贸，2010（5）：26－27.

② 朱蓓蓓. 俄罗斯远东地区开发战略与中俄区域合作研究 [D]. 长春：吉林大学，2019.

大推动力带动中国东北地区与俄罗斯东部地区经济合作的开展。

4.1.5.1 "一带一路"倡议与欧亚经济联盟战略对接

2015 年 5 月，中俄宣布《关于丝绸之路经济带建设和欧亚经济联盟建设对接合作的联合声明》，开启中国与欧亚经济联盟国家在经贸合作领域的协商，表示两国将一同推进"丝绸之路经济带"建设同欧亚经济联盟建设的对接，将扩大贸易和增加国际投资作为优先发展方向，提高贸易便利化、投资便利化水平，建立自由贸易区，搭建产业园区和跨境经济合作。

"一带一路"建设是一个多元化开放性的合作性框架，合作形式灵活，与欧亚经济联盟之间优势互补，对接合作稳步推进，取得一定进展。根据 2017 年"一带一路"国际合作高峰论坛期间公布的数据显示，"一带一路"倡议与欧亚经济联盟对接的合作成果范围广阔，涵盖政策沟通、设施联通、贸易畅通、资金融通、民心相通五大类，共 76 大项、270 多项具体成果。中国国家发展和改革委员会设立总规模达 1000 亿元人民币的中俄地区合作发展投资基金，以推动中国东北地区与俄罗斯远东的开发合作。①

4.1.5.2 "一带一路"倡议与北极航道开发战略对接：中俄共建"冰上丝绸之路"

中俄两国在北极合作方面有共同的认识，双方在共建"冰上丝绸之路"领域也有充分的政治基础和物质保障。近年来中俄两国领导人积极促进北极航道的合作，共同建设"冰上丝绸之路"。"冰上丝绸之路"是经过北冰洋通往欧洲的北极航道，是对共建"一带一路"的重要补充，北极航道是连接太平洋和大西洋的海上通道，对通航船舶体积没有要求，大大缩短了东北亚到欧洲的航运距离，提高了运输货物的效率，是联系亚、欧、美三大洲的最短航线。

北极航道分为西伯利亚沿岸的"东北航道"和加拿大沿岸的"西北航道"，中国与俄罗斯合作共建的就是东北航道。这条航道，西起西欧北部海

① "一带一路"对接欧亚经济联盟中俄晒"成果清单"［EB/OL］. http：//www. dragonnewsru. com/home/headlines_home/20170517/53280. html，2020 – 02 – 24.

域，东至符拉迪沃斯托克（海参崴），途经巴伦支海、喀拉海、拉普捷夫海、新西伯利亚海和白令海峡。这条航道是连接东北亚与西欧最短的海上航线。

"冰上丝绸之路"倡导合作开发北极航道，有助于推动中国东北地区与俄罗斯东部地区的联动发展。作为"冰上丝绸之路"建设的重要组成部分，中国东北地区拥有发展极地装备技术的高层次人才和丰厚的技术储备，东北地区作为老工业基地，与寒地工程装备制造相关的工业基础雄厚，产业关联度较高，与之配套的产业也比较完善，具备开展寒地试验、极区海洋技术以及极区精密测绘等研究的比较优势。① 中国东北地区有两个重要的海洋经济区域，一个是以大连为核心面向黄渤海的辽宁海洋经济区域，另一个是以珲春、绥芬河为核心面向日本海的图们江海洋经济区域，推动这两个海洋经济区域的协同发展，成为东北地区深度融入"冰上丝绸之路"建设的重点。②

总之，中国东北地区有两国经济合作历史悠久。目前来看，俄罗斯在东部地区的开发过程中困难重重，但是东部大开发的步伐不会停止，俄罗斯想要仅仅依靠自己的力量来完成所有的开发任务和目标是不可能的，有必要加强与世界上其他国家尤其是毗邻国家的经济技术合作。引进国外资本和技术的基础上开发利用远东和西伯利亚的资源，将资源优势转化为经济优势，为俄罗斯经济发展提供巨大支持。

4.2 中国东北地区与俄罗斯东部地区经济合作的现状

4.2.1 贸易合作

国际贸易是国家间也包括地区间经济联系的基本纽带，由于中国东北地

---

① 中俄共建"冰上丝绸之路"［EB/OL］. http：//scitech. people. com. cn/n1/2018/1016/c1057 - 30343785. html，2018 - 10 - 16.

② 共建中俄冰上丝绸之路［EB/OL］. http：//ex. cssn. cn/zx/bwyc/201902/t20190227_4837676. shtml，2019 - 02 - 27.

区与俄罗斯东部地区的经济合作完整数据十分有限，为了分析方便，本书下面采用的部分数据反映的是中国东北地区同俄罗斯整体的合作状况，以及俄东部地区与中国整体的合作情况。中俄两国的经济活动主要发生在中国东北地区与俄罗斯东部地区，所以采用这种分析能够大体描绘出中国东北地区与俄罗斯东部地区经济合作总体态势。

4.2.1.1　中国东北地区与俄罗斯贸易

4.2.1.1.1　黑龙江对俄贸易

黑龙江是我国与俄罗斯接壤最多的省份，与俄罗斯 5 个州区接壤，边境线长近 3000 公里，有国家一类口岸 25 个，边境口岸 15 个[①]，是中国对俄罗斯开展经贸合作的桥头堡，也是中国东北振兴战略和俄罗斯东部大开发战略相对接的重要联系纽带。在黑龙江省的对外开放中，对俄经贸具有重要作用。

1982 年，经国务院批准，黑龙江省恢复同远东地区的边境贸易，以易货贸易为主。1988 年，《关于黑龙江省对苏联边境易货贸易和经济技术合作问题的批复》下发，支持对苏联经贸合作，黑龙江省对苏联贸易快速发展。1990 年，我国政府批准举办中国哈尔滨国际经济贸易洽谈会（简称"哈洽会"），坚持"突出俄罗斯、面向东北亚、辐射全世界、服务全中国"的定位和特色。[②]"哈洽会"为中俄贸易和投资搭建了非常重要的合作平台。根据《黑龙江统计年鉴（1998）》统计，1997 年，黑龙江省与俄贸易额达 14.18 亿美元，占黑龙江对外贸易总额 35.82 亿美元的 39.59%。进入 21 世纪以来，中俄两国战略协作伙伴关系加强，黑龙江省对俄贸易保持增长态势。2003 年《关于实施东北地区等老工业基地振兴战略的若干意见》明确提出：发挥黑河、绥芬河等边境口岸作用，扩大与俄罗斯等国的经贸合作，在海外建立能源原材料基地。全省对俄贸易进一步发展，如表 4 - 1 所示，2007 年黑龙江对俄贸易额突破 100 亿美元大关，达 107.28 亿美元，2008 年黑龙江省对俄贸

---

① 路宝会. 黑龙江商务年鉴 [M]. 哈尔滨：黑龙江人民出版社，2019：12.
② 中国·哈尔滨国际经济贸易洽谈会 [EB/OL]. https://baike. so. com/doc/7185414 - 7409535. html，2020 - 12 - 05.

易额110.63亿美元，连续两年突破百亿美元大关。2009年，受到世界经济危机的影响，黑龙江省对俄贸易额有所回落，2009年黑龙江省对俄贸易额仅为55.77亿美元，下降幅度较大，但俄罗斯始终是黑龙江省第一大贸易伙伴，黑龙江省对俄进出口总额占黑龙江省外贸总额的34.38%。2011年，黑龙江省对俄贸易额创历史新高，对俄贸易额达189.86亿美元。

表4-1　　　　　2000~2018年黑龙江省对俄罗斯进出口贸易规模

年份	黑龙江省对俄进出口总额（亿美元）	黑龙江省对俄出口额（亿美元）	黑龙江省自俄进口额（亿美元）	黑龙江省对外贸易总额（亿美元）	黑龙江省出口总额（亿美元）	黑龙江省进口总额（亿美元）	黑龙江省对俄贸易占黑龙江省贸易总额比重（%）
2000	13.8	4.7	9.1	29.9	14.6	15.3	46.15
2001	18.0	7.8	10.2	33.9	16.1	17.7	53.10
2002	23.3	9.7	13.6	43.5	19.9	23.6	53.56
2003	29.6	16.4	13.2	53.3	28.7	24.6	55.53
2004	38.2	21.5	16.7	67.9	36.8	31.1	56.26
2005	56.8	38.4	18.4	95.7	60.7	35.0	59.35
2006	66.9	45.4	21.5	128.6	84.4	44.2	52.02
2007	107.3	81.7	25.6	173.0	122.7	50.3	62.02
2008	110.6	79.7	30.9	229.0	165.8	63.2	48.30
2009	55.8	32.7	23.1	162.2	100.8	61.1	34.40
2010	74.7	42.9	31.9	255.0	162.8	92.2	29.29
2011	189.9	43.5	146.4	385.1	176.7	208.4	49.31
2012	211.3	51.6	161.5	378.2	144.4	233.9	55.87
2013	223.7	69.1	154.6	388.8	162.3	226.5	57.54
2014	232.8	90.0	142.8	389.0	173.4	215.6	59.85
2015	108.5	23.5	84.9	210.1	80.3	129.6	51.64
2016	91.9	17.0	74.9	165.4	50.4	114.9	55.56
2017	109.9	16.1	93.8	189.5	52.6	136.8	57.99
2018	184.5	11.3	173.2	264.1	44.4	219.7	69.84

资料来源：根据历年《黑龙江省统计年鉴》《黑龙江商务年鉴》整理计算。

随后黑龙江省抓住"一带一路"倡议机遇，推动中蒙俄经济走廊建设，全力打造中国向北开放的重要前沿。2017 年，黑龙江省对俄贸易开始回升，对俄贸易额达到 109.9 亿美元，增长了近 20%，黑龙江省对俄贸易占全省进出口总额的 57.99%。① 从贸易结构方面来看，黑龙江省与俄罗斯的贸易具有互补性，1990 年前，黑龙江省向俄罗斯出口的主要是生活消费品，包括粮食、肉类、蔬菜、纺织品和服装等，进口的主要是钢材、木材、车辆、玻璃、化学、水产品等。2017 年，黑龙江省对俄出口的主要是服装及衣着附件类、鞋类、蔬菜、玩具等消费品，而自俄进口的是原油、原木、煤炭、铁矿砂等资源型产品。

4.2.1.1.2 吉林省对俄贸易

吉林省地处中国、俄罗斯和朝鲜三国边境交汇处，与俄罗斯滨海边疆区的哈桑区接壤，边境线长度约为 246 公里。珲春口岸是国家一类口岸，与市区有大约 15 公里距离，对面是俄远东地区的克拉斯基诺口岸，距离符拉迪沃斯托克大约 170 公里。珲春口岸从 1988 年开始设立，目前建有铁路和公路口岸，通过口岸边境贸易，极大促进了当地社会经济的发展。②

长春具有开展边境贸易和毗邻地区经济合作的先天优势，俄罗斯是吉林省重要的贸易伙伴，两地的贸易合作稳步增长，但是贸易规模总体偏小。如表 4-2 所示，2000 年吉林省与俄罗斯贸易总额仅为 0.65 亿美元，2005 年突破一亿美元大关，达到 1.79 亿美元，2006 年取得重大进展，双方贸易额达到 4.4 亿美元，2007 年达 8.02 亿美元，增长幅度较大，同比增长 82.56%，但是多年来，始终未超过 10 亿美元大关。从贸易结构方面来看，2017 年主要对俄出口的商品是服装及衣着附件、胶合板及类似多层板和鲜、干水果、坚果、医药品等，从俄罗斯进口的商品主要是汽车零配件和汽车、通断保护电路装置及零件、铜矿砂及其精矿、电视和收音机及无线电讯装置的零部件、

---

① 张彤彤，曹晓东. 改革开放 40 年来黑龙江省对俄贸易发展综述 [J]. 对外经贸，2020 (1)：58-62.

② 我国与俄罗斯之间的主要边境口岸，除了"绥芬河"之外还有三座 [EB/OL]. https://baijiahao. baidu. com/s? id = 1663953061079932991，2020-04-15.

粮食等，贸易结构具有互补性。

表 4 - 2　　　　　2000～2018 年吉林省对俄罗斯进出口贸易规模

年份	吉林省对俄进出口总额（亿美元）	吉林省对俄出口额（亿美元）	吉林省自俄进口额（亿美元）	吉林省对外贸易总额（亿美元）	吉林省出口总额（亿美元）	吉林省进口总额（亿美元）	吉林省对俄贸易占吉林省贸易总额比重（%）
2000	0.65	0.09	0.56	25.5	12.4	13.1	2.55
2001	0.68	0.09	0.59	31.3	14.6	16.7	2.17
2002	0.57	0.13	0.55	37.1	17.7	19.4	1.54
2003	0.57	0.20	0.38	61.7	21.6	40.1	0.92
2004	0.84	0.30	0.27	67.9	17.2	50.8	1.24
2005	1.79	0.37	1.43	65.3	24.7	40.6	2.74
2006	4.40	3.78	0.61	79.1	30.0	49.2	5.56
2007	8.02	7.24	0.78	103.0	38.6	64.4	7.79
2008	7.56	6.75	0.83	133.4	47.7	85.7	5.67
2009	4.74	3.83	0.91	117.5	31.3	86.2	4.03
2010	6.24	5.40	0.84	168.5	44.8	123.7	3.70
2011	7.06	0.66	6.40	220.5	50.0	170.5	3.20
2012	8.22	1.44	6.78	245.7	59.8	185.9	3.35
2013	7.00	0.93	6.07	258.5	67.6	191.0	2.71
2014	5.77	1.30	4.48	263.8	57.8	206.0	2.19
2015	5.21	2.51	2.70	189.4	46.5	142.8	2.75
2016	4.35	2.78	1.57	184.4	42.1	142.4	2.36
2017	5.64	3.95	1.69	185.3	44.3	141.0	3.04
2018	9.43	1.92	7.51	205.9	49.2	156.7	4.58

资料来源：根据历年《吉林省统计年鉴》整理计算。

4.2.1.1.3　辽宁省对俄贸易

辽宁省地理位置优越，位于东北亚经济区的中心位置。虽然不与俄罗斯接壤，但也是对俄经济合作的重要基地。东北地区的六个海港和港口城市都集中在辽宁省，成为连接"海上丝绸之路"和"陆上丝绸之路"的重要节点，成为"一带一路"北向开放窗口的重要枢纽和重要工业基地。辽宁省工业门类较为齐全，被称为是"新中国工业的摇篮"，与俄罗斯也积极开展了多方面的合作。

2000 年以来，辽宁省对俄贸易呈现出快速增长的趋势，如表 4 – 3 所示。2000 年，辽宁省对俄贸易总额为 2.37 亿美元，2008 年增长到 16.02 亿美元，2009 年受金融危机的影响，贸易额小幅下降，变为 11.60 亿美元，2018 年上升至 41.09 亿美元。

表 4 – 3 　　　　　　　　2000~2018 年辽宁省对俄罗斯进出口贸易规模

年份	辽宁省对俄进出口总额（亿美元）	辽宁省对俄出口额（亿美元）	辽宁省自俄进口额（亿美元）	辽宁省对外贸易总额（亿美元）	辽宁省出口总额（亿美元）	辽宁省进口总额（亿美元）	辽宁省对俄贸易占辽宁省贸易总额比重（%）
2000	2.37	0.85	1.52	190.2	108.5	81.7	1.25
2001	2.62	1.02	1.60	199.1	111.1	88.0	1.32
2002	3.29	1.29	2.00	217.4	123.7	93.7	1.51
2003	3.73	1.65	2.08	265.6	146.3	119.3	1.40
2004	5.32	2.14	3.18	344.4	189.2	155.2	1.54
2005	8.05	3.39	4.66	410.1	234.4	175.7	1.96
2006	10.07	5.45	4.62	483.9	283.2	200.7	2.08
2007	13.50	7.98	5.52	594.7	353.3	241.5	2.27
2008	16.02	6.74	9.28	724.4	420.5	303.8	2.21
2009	11.60	6.20	5.40	629.2	334.4	294.8	1.84
2010	16.015	7.49	8.52	806.7	431.2	375.5	1.99
2011	21.68	10.16	11.51	959.6	510.4	449.2	2.26
2012	24.55	10.98	13.56	1039.9	579.5	460.4	2.36
2013	24.19	11.36	12.83	1142.8	645.4	497.4	2.12
2014	24.31	11.79	12.52	1139.6	587.6	552.0	2.13

年份	辽宁省对俄进出口总额（亿美元）	辽宁省对俄出口额（亿美元）	辽宁省自俄进口额（亿美元）	辽宁省对外贸易总额（亿美元）	辽宁省出口总额（亿美元）	辽宁省进口总额（亿美元）	辽宁省对俄贸易占辽宁省贸易总额比重（%）
2015	30.19	9.32	20.86	960.8	508.4	452.4	3.14
2016	32.54	7.96	24.58	865.2	430.7	434.6	3.76
2017	41.21	9.24	31.97	994.2	448.8	545.5	4.15
2018	41.09	10.99	30.10	1144.3	488.0	656.3	3.59

资料来源：根据历年《辽宁省统计年鉴》整理计算。

辽宁省对俄贸易具有巨大的发展潜力。从 2018 年辽宁省对俄罗斯的贸易数据来看，辽宁省对俄罗斯的进出口总额为 41.09 亿美元，同年，辽宁省对外贸易总额达 1144.3 亿美元，辽宁省与俄罗斯的贸易额占辽宁省全部贸易额的比重仅为 3.6%。根据《辽宁省统计年鉴（2019）》统计，2018 年辽宁省的贸易伙伴中，日本为第一大贸易伙伴，二者之间的贸易额为 163.46 亿美元，占辽宁省对外贸易总额比重为 14.28%，与美国贸易额为 112.28 亿美元，韩国是辽宁省第三大贸易伙伴，贸易额也达 96.92 亿美元，俄罗斯排在第七位，辽宁省与俄罗斯的贸易还有巨大的提升空间。不仅如此，在能源合作方面，东北的主要石油炼厂集中在辽宁省，将能源优势转化为工业优势。

在贸易结构方面，从总体上看，辽宁省对俄罗斯出口产品主要是农产品、机械、纺织、服装等，自俄罗斯进口的商品主要是矿产品和原油。辽宁省是我国重工业大省，装备制造品、汽车及其他高科技产品生产具有相对优势，对俄合作优势有待进一步开发。目前，辽宁省正积极开展对俄科技合作并取得了一定的进步。

4.2.1.1.4 内蒙古自治区对俄贸易

内蒙古自治区与俄罗斯外贝加尔边疆区接壤，1983 年开始恢复边境易货贸易。改革开放以来，外贸保持较快发展，对外贸易规模不断扩大。如表 4-4 所示，2000 年，内蒙古自治区对俄贸易额为 7.47 亿美元，2007 年上升到 29.85 亿美元，2018 年内蒙古自治区最大贸易伙伴是蒙古国，贸易额达 49.65 亿美元，俄罗斯是内蒙古自治区第二大贸易伙伴，双边贸易额达 29.98 亿美元。据海关统计，2019 年内蒙古自治区与俄罗斯双边贸易额 184.9 亿元人民币，同比下降 6.4%，但俄罗斯仍为内蒙古自治区第二大贸易伙伴。内蒙古自治区在"中蒙俄经济走廊"建设方面发挥着重要作用。

表 4－4　　　　2000～2018 年内蒙古自治区对俄罗斯进出口贸易规模

年份	内蒙古自治区对俄进出口总额（亿美元）	内蒙古自治区对俄出口额（亿美元）	内蒙古自治区自俄进口额（亿美元）	内蒙古自治区对外贸易总额（亿美元）	内蒙古自治区出口额（亿美元）	内蒙古自治区进口额（亿美元）	内蒙古自治区对俄贸易占内蒙古自治区贸易总额比重（%）
2000	7.47	1.43	6.04	20.36	10.22	10.14	36.69
2001	10.50	2.15	8.35	25.48	11.41	14.08	41.21
2002	11.59	1.44	10.15	30.05	13.71	16.34	38.57
2003	12.48	1.12	11.36	31.14	14.41	16.73	40.08
2004	15.96	0.76	15.2	40.49	16.82	23.67	39.42
2005	17.58	0.66	16.92	51.62	20.65	30.97	34.06
2006	22.93	0.88	22.05	59.47	21.41	38.06	38.56
2007	29.85	2.08	27.77	77.45	29.47	47.97	38.54
2008	21.60	2.78	18.82	89.33	35.80	53.54	24.18
2009	23.96	1.95	22.01	67.64	23.16	44.48	35.42
2010	25.49	1.85	23.64	87.19	33.35	53.84	29.24
2011	28.93	2.16	26.77	119.39	46.87	72.52	24.23
2012	27.24	2.79	24.45	112.57	39.70	72.86	24.20
2013	26.26	2.75	23.51	119.92	40.39	79.00	21.90
2014	30.54	6.47	24.04	145.54	63.95	81.59	20.98
2015	26.27	6.06	20.21	127.84	56.73	71.10	20.54
2016	27.73	6.28	21.45	117.01	44.71	72.30	23.70

续表

年份	内蒙古自治区对俄进出口总额（亿美元）	内蒙古自治区对俄出口额（亿美元）	内蒙古自治区自俄进口额（亿美元）	内蒙古自治区对外贸易总额（亿美元）	内蒙古自治区出口额（亿美元）	内蒙古自治区进口额（亿美元）	内蒙古自治区对俄贸易占内蒙古自治区贸易总额比重（%）
2017	30.44	5.09	25.34	138.74	48.78	89.96	21.94
2018	29.98	4.06	25.92	156.91	57.47	99.44	19.11

资料来源：根据历年《内蒙古自治区统计年鉴》整理计算。

从进出口商品结构来看，长期以来，内蒙古自治区与黑龙江省对俄出口商品的结构大体相同，内蒙古自治区出口产品中粮油、土畜、皮毛等初级产品所占比例不断下降，深加工的农副产品、服装、鞋帽、纺织品、五金交电、机械设备、运输工具和高新技术产品等比重不断提升；主要的进口产品有原油和成品油、原木、锯材、纸浆、煤炭、合成橡胶、钢材、化肥、化工原料、原木、金属矿砂等国家经济建设急需产品。①

如图 4-1 所示，2000~2018 年中国东北地区中黑龙江省对外贸易中对俄贸易所占比重最高，除个别年份波动外，黑龙江省对俄贸易占黑龙江省贸易的比重能达到 50% 以上，其中 2007 年该比重达到 62.02%，这与黑龙江省特有的对俄地缘优势相关。其次，内蒙古自治区对俄贸易占内蒙古自治区对外贸易的比重也比较大，2001 年和 2003 年该比重超过了 40%，但是内蒙古自治区对俄贸易占内蒙古自治区对外贸易额的比重在 2009 年以后呈现出下降趋势，到了 2018 年，这一比重仅为 19.11%，可能是内蒙古自治区对蒙古国的经济往来以及蒙古国对俄罗斯经济往来不断加深弱化了内蒙古自治区对俄地缘优势的体现。在东北地区中，吉林省与辽宁省对外贸易中，对俄贸易比重较小，虽然这两省对俄贸易规模有所提升，但是比重最高的年份吉林省尚未超过 8%，辽宁省未超过 5%。可见吉林、辽宁两省对俄贸易潜力巨大，应积极拓展合作领域，提高合作的层次与水平。

---

① 丁晓龙. 内蒙古和黑龙江对外贸易比较分析 [J]. 北方经济，2018（11）：38-40.

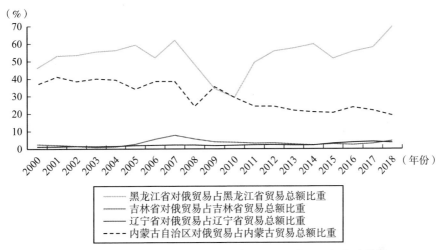

黑龙江省对俄贸易占黑龙江省贸易总额比重
吉林省对俄贸易占吉林省贸易总额比重
辽宁省对俄贸易占辽宁省贸易总额比重
内蒙古自治区对俄贸易占内蒙古贸易总额比重

图 4 – 1   2000～2018 年中国东北各省区对俄进出口总额变动趋势

4.2.1.2　俄罗斯东部地区与中国贸易

近年来，得益于中俄经济合作关系的发展，俄罗斯东部地区与中国东北地区的经济往来不断加深，见表 4 – 5。

表 4 – 5　　　　　2011～2019 年俄罗斯东部地区与中国进出口贸易规模

年份	东部地区对中国进口总额（亿美元）	东部地区对中国出口总额（亿美元）	东部地区自中国进口总额（亿美元）	东部地区进出口贸易总额（亿美元）	东部地区出口贸易总额（亿美元）	东部地区进口贸易总额（亿美元）	东部地区对中国贸易占东部地区贸易总额比重（%）
2011	156.72	89.57	67.17	765.61	583.32	182.22	20.47
2012	181.58	109.21	73.87	825.22	614.73	210.49	22.00
2013	199.9	115.9	83.99	858.44	643.94	214.49	23.29
2014	178.36	108.07	70.29	825.41	638.29	187.02	21.61
2015	131.69	86.32	45.37	631.96	508.27	123.69	20.84
2016	122.36	81.72	40.64	562.71	445.96	116.74	21.74
2017	164.62	114.03	50.6	691.74	554.49	137.26	23.80
2018	205.43	144.69	60.74	828.5	669.41	159.09	24.80
2019	173.51	111.31	62.21	831.11	650.78	180.33	20.88

资料来源：根据历年《俄罗斯地区统计年鉴》整理计算。

1992 年，中国与俄罗斯发表《关于中俄相互关系基础的联合声明》，建立起睦邻友好和互利合作关系，双方在该项声明中特别提到要在平等互利原则基础上保持和发展双边贸易领域合作，为国家间的贸易联系，包括边境地区在内的地区间贸易联系创造有利条件，有力的政策支持为双方开展经济合作提供了良好的政治环境。

俄罗斯西伯利亚联邦管区和远东联邦管区包括的联邦主体范围曾发生过改变，如前所述，2018 年 11 月，俄罗斯为方便管理，将原属于西伯利亚联邦管区的外贝加尔边疆区和布里亚特共和国纳入远东联邦管区，所以本处贸易规模统计把西伯利亚联邦管区和远东联邦管区的贸易数据放在一起，避免因地区划分变动带来的统计标准的不统一。俄罗斯东部的滨海边疆区、哈巴罗夫斯克边疆区、犹太自治州、阿穆尔州和外贝加尔边疆区与中国东北地区相毗邻，贸易主要发生在该地区。

根据俄罗斯西伯利亚联邦区海关总署网站、远东联邦区海关总署网站公布的资料显示，2011 年俄罗斯东部地区与中国的贸易额为 156.72 亿美元，占东部地区贸易总额的 20.47%，其中对中国出口 89.57 亿美元，自中国进口 67.15 亿美元。之后双方的贸易额稳步上升，到 2015 年和 2016 年有所回落。分析其原因：一方面是俄罗斯东部地区向中国出口的绝大多数是原材料，由于国际石油、天然气价格的持续下降，东部地区出口遇到困境，对中国原料和能源项目出口量不断下降；另一方面，由于卢布贬值，使俄消费者购买中国产品的能力不断降低，导致俄罗斯东部地区与中国的进出口数额都出现了下滑趋势。2015 年和 2016 年两年间，双方贸易额回落至 31.69 亿美元和 122.36 亿美元，但是中国与俄罗斯东部地区的贸易占俄罗斯东部地区贸易总额的比重始终保持在 20% 以上，中国一直以来始终是俄罗斯东部地区最大的贸易伙伴。2018 年双方贸易额开始回升，为 205.43 亿美元，占其对外贸易总额的 24.80%。

再看东部地区与中国贸易结构，俄罗斯西伯利亚地区对中国的对外贸易与远东对中国对外贸易有很大的相似性。中国自俄罗斯东部地区进口的产品主要有矿产品、农业原料、木材、纸浆造纸产品等，绝大多数都是原材料，东部地区对原料产品出口的依赖过大，极易受进口国石油产品需求和世界资源市场价格的影响，导致对外贸易乃至整个经济体系都非常脆弱。东部地区自中国进口的商品主要是汽车、设备和交通工具，化工产品和橡胶制品，食品和农业原料，金属及其制品，纺织品和鞋类，对比看出，东部地区从中国进口的商品主要是一些附加值相对较高的消费品①。

4.2.2 投资合作

区域经济合作的开展到深化，是一个从贸易交换到生产国际化的过程。通过跨国投资可以跨越贸易障碍，实现资源的优化配置，降低生产成本。需要说明的是，俄罗斯东部地区属于俄罗斯的落后地区，资金短缺问题严重，其对外投资的数量有限，中国与俄罗斯东部地区的投资合作，主要集中在中国对俄罗斯东部地区的投资。

4.2.2.1 投资规模

俄罗斯东部地区土地面积辽阔，自然资源丰富，科技力量较为雄厚，但是受自然条件的限制，生产水平、加工能力较弱，丰富的矿产品大部分作为一种低附加值产品向国外出口。虽然与中国东北地区毗邻，有着漫长的边境线和海岸线，但是双方基础设施建设还处于初级阶段，缺少统一的公路网，人口密度低，人口老龄化现象严重，多数地区生活水平低于俄罗斯整体平均水平。俄罗斯东部地区的投资潜力尚未充分发掘，依靠俄罗斯联邦本身的资金进行建设难度很大，因此吸引投资被俄罗斯视为东部地区发展的重要选择。②

如表4-6、图4-2所示，整体上看，中国对俄直接投资存量在逐年增长，截止到2011年，中国对俄直接投资存量为37.64亿美元，2019年底对俄直接投资存量达到128.04亿美元；2011年中国对俄直接投资存量占中国对外投资存量的0.89%，到了2015年，这一比重达到最高，为1.28%，随后2016年中国对俄直接投资的存量有所下降，中国对俄直接投资存量的比重下

---

①② 朱蓓蓓. 俄罗斯远东地区开发战略与中俄区域合作研究 [D]. 长春：吉林大学，2019.

降为0.96%，到了2019年底，中国对俄直接投资的存量占中国对外直接投资存量的比重降为0.58%，在中国对外直接投资存量排名中，俄罗斯位列第13位。对俄直接投资存量下降的原因在一定程度上是因为中国出台调控措施限制非理性对外投资。2016年11月以来，商务部、国家发展和改革委、人民银行加强对外投资真实性审核，限制在房地产、酒店、影城、娱乐业、体育俱乐部等领域进行一些非理性的对外投资。同时，俄罗斯卢布贬值，导致企业投资效益减少，限制了中国投资者对俄罗斯投资的兴趣。

表4-6　　　　　2011~2019年中国对外直接投资存量、流量数据统计

年份	中国对外直接投资存量（亿美元）	中国对外直接投资流量（亿美元）	中国对俄直接投资存量（亿美元）	中国对俄直接投资流量（亿美元）	对俄投资存量占中国投资存量比重（%）	对俄投资流量占中国投资流量比重（%）
2011	4247.8	746.5	37.64	7.16	0.89	0.96
2012	5319.4	878.0	48.88	7.85	0.92	0.89
2013	6604.8	1078.4	75.81	10.22	1.15	0.95
2014	8826.4	1231.2	86.95	6.34	0.99	0.51
2015	10978.6	1456.7	140.20	29.61	1.28	2.03
2016	13573.9	1961.5	129.80	12.93	0.96	0.66
2017	18090.4	1582.9	138.72	15.48	0.77	0.98
2018	19822.7	1430.4	142.08	7.25	0.72	0.51
2019	21988.8	1369.1	128.04	-3.79	0.58	-0.28

资料来源：《2019年度中国对外直接投资统计公报》。

在中国东北老工业基地振兴战略的推动下，东北地区非金融类对外投资流量从2011年开始稳步上升，如表4-7、图4-3所示，2011年东北地区非金融类对外投资额仅为17.15亿美元，到了2016年上涨为50.03亿美元，2017年开始滑落。东北地区对外非金融类直接投资的存量从2011年开始，除了2017年以外，一直是上升趋势。但是从比重上看，中国东北地区对外投资的流量和存量占中国整体对外直接投资流量和存量的比重较小，远远落后

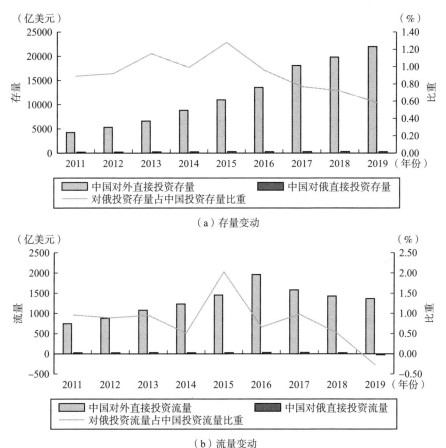

（a）存量变动

（b）流量变动

图 4 - 2　2011～2019 年中国对外、对俄直接投资存量、流量变动

于东部地区，也落后于中、西部地区，2019 年东部地区对外投资流量占中国对外投资流量近 80%，而中、西部地区对外投资流量也分别占到中国对外直接投资流量的 10.2% 和 8.7% 左右。

表 4 - 7　　　2011～2019 年中国东北地区对外非金融类直接投资情况

年份	东北地区存量（亿美元）	中国整体存量（亿美元）	东北地区占比（%）	东北地区流量（亿美元）	中国整体流量（亿美元）	东北地区占比（%）
2011	77.65	3573.87	2.17	17.15	685.84	2.50
2012	121.59	4354.87	2.79	43.02	777.33	5.53

续表

年份	东北地区存量 （亿美元）	中国整体存量 （亿美元）	东北地区占比 （％）	东北地区流量 （亿美元）	中国整体流量 （亿美元）	东北地区占比 （％）
2013	148.99	5434.00	2.74	32.3	927.4	3.48
2014	181.01	7450.18	2.43	35.77	1072.02	3.34
2015	217.99	9382.04	2.32	36.09	1214.22	2.97
2016	273.10	11800.48	2.31	50.03	1812.31	2.76
2017	267.15	16062.43	1.66	24.61	1395.03	1.76
2018	278.43	17643.70	1.58	31.22	1213.2	2.57
2019	280.59	19443.46	1.44	17.28	1169.58	1.48

资料来源：根据《2019 年度中国对外直接投资统计公报》整理。

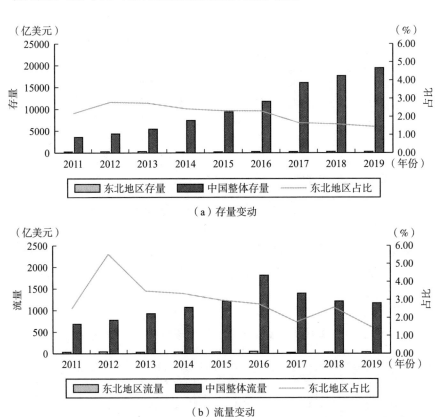

（a）存量变动

（b）流量变动

图 4 - 3　2011～2019 年中国东北地区对外非金融类直接投资变动情况

4.2.2.2 投资结构

从投资结构来看，如表 4-8 所示，中国对俄罗斯联邦直接投资主要集中在采矿业上，截至 2019 年底，中国对俄采矿业直接投资达 543456 万美元，占比 42.4%，其次是农、林、牧、渔业，占比 22.1%，中国对俄罗斯投资第三位的行业是制造业。这符合俄罗斯矿产资源丰富、耕地面积广阔、森林资源、渔业资源丰富的要素禀赋结构，也符合俄罗斯经济发展的战略方向。为了促进投资有效开展，两国政府于 2009 年批准《中俄投资合作规划纲要》，指出在重点领域加强投资合作，其中对俄优先投资领域覆盖范围主要有能源领域，包括石油开采、天然气地质勘探、建设天然气液化厂、生产石化深加工产品等，还有机械制造业、运输物流领域、农业和林业领域、信息技术和电信工程领域以及银行与保险等。

表 4-8　　　　　　　　2019 年中国对俄罗斯联邦直接投资的主要行业

行业	流量	存量	
	金额（万美元）	金额（万美元）	比重（%）
采矿业	-113224	543456	42.4
农/林/牧/渔业	25839	283171	22.1
制造业	10553	162083	12.7
租赁和商务服务业	1183	87156	6.8
金融业	12320	58579	4.6
批发和零售业	2941	36743	2.9
科学研究和技术服务业	19554	35894	2.8
房地产业	-6700	31268	2.5
建筑业	5009	23402	1.8
信息传输/软件和信息技术服务业	2709	8203	0.6
交通运输/仓储和邮政业	143	6785	0.5
电力/热力/燃气及水的生产和供应业	1708	2248	0.2

续表

行业	流量	存量	
	金额（万美元）	金额（万美元）	比重（％）
其他行业	42	1409	0.1
合计	−37923	1280397	100.0

资料来源：根据《2019 年度中国对外直接投资统计公报》整理。

在对俄罗斯投资合作方面，黑龙江省对俄投资最为活跃。2016～2019 年四年间，黑龙江省对俄罗斯直接投资额在全国领先，其中 2018 年对俄直接投资额占全国对俄直接投资额度的比重高达 34.6%。截至 2019 年底，黑龙江省现存备案对俄投资企业 393 家，累计备案投资 70.5 亿美元，实际对俄投资 23.4 亿美元。①

黑龙江省对俄投资备案情况，2016 年，黑龙江省备案对俄投资企业 99 家，备案投资总额 30.16 亿美元，占全省备案投资总额的 57.39%；2017 年全省对俄直接投资备案企业 39 家，占全省对外投资备案企业的 49.36%，备案投资金额 8.9 亿美元，占全省的 42.87%。如前所述，中国出台调控措施限制非理性对外投资以及俄罗斯卢布贬值，导致企业投资效益减少，影响到黑龙江省企业投资的积极性，2017 年全省对俄备案企业比 2016 年减少 60 家。在俄罗斯东部地区投资主要分布如下：阿穆尔州备案投资企业 12 家，备案投资额 4.54 亿美元；犹太自治州备案投资企业 6 家，备案投资额 2.56 亿美元；滨海边疆区备案投资企业 5 家，备案投资额 4743 万美元；哈巴罗夫斯克边疆区 3 家，备案投资额 5597 万美元；外贝加尔边区 1 家，备案投资额 150 万美元。全省对俄投资方向主要为农业、林业采伐、加工、批发零售、能源、科技推广和应用服务业、设立代表处等。其中，农业类 14 家，备案投资额 1.37 亿美元；林业类 5 家，备案投资额 1.46 亿美元；贸易类 3 家，备案投资额 1465 万美元；能源项目开发 1 家，备案投资额 4 亿美元；合作区建

---

① 过去四年黑龙江对俄贸易额年均增长 27.9% ［EB/OL］. http：//www.dqdaily.com/2020 - 12/02/content_5909684.htm.

设 1 家，备案投资额 1.2 亿美元；房屋建筑业 2 家，备案投资额 650 万美元；电站 1 家，备案投资额 100 万美元；食品制造类 1 家，备案投资额 8 万美元；办事处 3 家。①

吉林省同远东地区的滨海边疆区相毗邻，是"一带一路"框架下向北开放的前沿。吉林省与俄多个地区互结友好城市，积极推进"滨海 2 号"线建设、扎鲁比诺港升级改造建设以及陆海联运航线建设等，其中"珲春—扎鲁比诺港—宁波舟山港"跨境内贸外运航线 2019 年顺利通航。俄罗斯已成为吉林省第一大境外投资目的国和第四大贸易伙伴国，截至 2018 年 9 月吉林省累计在俄投资企业 171 家。②

总体来说，辽宁省对俄罗斯的投资规模较小。辽宁省对外开放程度较高，在东北地区处于领先地位，在中国东北地区与俄罗斯东部地区经贸合作中具有地缘优势和互补优势，比较典型的合作项目有"列佐夫斯基铁矿项目"，是辽宁省海洋西城集团在俄罗斯东部的赤塔州投资建设的，总投资金额达 4.9 亿美元；"现代化果品出口项目"，是辽宁省农垦局营口富达果菜保险有限公司在俄罗斯东部伊尔库茨克州建设，总投资金额达 1.7 亿人民币。③

"莫斯科别雷拉斯特物流中心项目"可以说是辽宁省深度融入"一带一路"建设的旗舰项目，是中俄两国第一个以设施联通带动贸易畅通的物流基础设施项目。项目由辽宁港口集团和俄铁路股份公司共同出资建设，总投资预算大约 20 亿元人民币，共分三期开展建设，2017 年 8 月项目开始施工，在 2019 年底，一期工程已经顺利运行，首列集装箱班列顺利完成。现在项目已由工程建设阶段逐步转向运营阶段。2020 年 8 月，辽宁印发《关于支持别雷拉斯特物流中心项目建设的指导意见》，落实四大重要任务，包括构建中俄海关合作平台、打造海外仓、建设中欧班列枢纽港以及开辟对俄"通道＋自由贸易"窗口。着力推进别雷拉斯特物流中心项目建设进程步伐，缩小通

---

① 《黑龙江商务年鉴》编辑委员会．黑龙江商务年鉴：2018［M］．哈尔滨：黑龙江人民出版社，2019.

② 中俄地方合作风生水起：除东三省，江苏也已引俄资 56 亿美元［EB/OL］．https：//www.yicai.com/news/100026225.html，2018－09－13.

③ 张弛．中国东北与俄罗斯东部地区经济合作模式研究［M］．北京：经济科学出版社，2013：122.

关时间，降低交易成本，努力将其建设成为中俄现代物流合作示范项目①。

2009 年中俄两国签署了《中国东北地区同俄罗斯远东及东西伯利亚地区合作规划纲要（2009—2018）》，列出了多项合作项目，其中最重要的合作方向就是投资领域，涵盖运输合作、口岸及边境基础设施建设、合作园区建设、旅游、劳务、人文及环保等领域合作。俄罗斯东部地区有 11 个联邦主体参与了规划的项目，中国东北地区的内蒙古、黑龙江、辽宁和吉林参与了规划项目。②

《中国东北地区同俄罗斯远东及东西伯利亚地区合作规划纲要（2009—2018）》（以下简称《纲要》）已经到期，2018 年，《中俄在俄罗斯远东地区合作发展规划（2018—2024 年）》（以下简称《规划》）获得批准，对中国与俄罗斯东部地区的合作重新做了调整，2009 年的《纲要》是双向投资合作文件，而《规划》是单向引导中国企业在俄远东地区投资，并且对重点合作项目进行分类细化和严格筛选，将合作项目分为以下几类，如表 4－9 所示。

表 4－9　　　　　　《中俄在俄罗斯远东地区合作发展规划
（2018—2024 年）》项目分类

类别	具体内容
跨越式发展区项目	"阿穆尔—兴安岭"跨越式发展区（犹太自治州）项目
	"巨石"跨越式发展区（滨海边疆区）项目
	"山区空气"跨越式发展区（萨哈林州）项目
	"堪察加"跨越式发展区（堪察加边疆区）项目
	"共青城"跨越式发展区（哈巴罗夫斯克边疆区）项目
	"米哈伊洛夫斯基"跨越式发展区（滨海边疆区）项目
	"阿穆尔河畔"跨越式发展区（阿穆尔州）项目

---

① 辽宁省出台指导意见支持别雷拉斯特物流中心项目　打造对俄"通道＋自由贸易"窗口[EB/OL]．[N]．辽宁日报，2020－08－31．

② 苏斯洛夫 Д В，陈秋杰．现阶段落实《中国东北地区同俄罗斯远东及东西伯利亚地区合作规划纲要（2009—2018）》问题[J]．西伯利亚研究，2013，40（4）：8－14．

续表

类别	具体内容
跨越式发展区项目	"自由"跨越式发展区（阿穆尔州）项目
	"别洛戈尔斯克"跨越式发展区（阿穆尔州）项目
	"哈巴罗夫斯克"跨越式发展区（哈巴罗夫斯克边疆区）项目
	"南区"跨越式发展区（萨哈林州）项目
	"南雅库特"跨越式发展区［萨哈（雅库特）共和国］项目
自由港项目	滨海边疆区的符拉迪沃斯托克、阿尔乔姆、纳霍德卡、乌苏里斯克、哈桑区、纳杰日金区等10个地区项目
	堪察加边疆区的堪察加—彼得罗巴甫洛夫斯克市项目
	哈巴罗夫斯克边疆区的瓦尼诺区和苏维埃港区项目
	萨哈林州的科尔萨科夫和乌格列戈尔斯克市项目
优先领域	天然气与石油化工业领域
	固体矿产领域
	运输与物流领域
	农业领域
	林业领域
	水产养殖领域
	旅游领域
战略合作和基础设施项目	发展滨海1号、2号国际交通廊项目
	跨境桥梁建设项目
	黑瞎子岛开发项目
	俄罗斯岛开发项目

资料来源：根据《中俄在俄罗斯远东地区合作发展规划（2018—2024 年)》编制。

4.2.3 产业合作

4.2.3.1 能源合作

能源领域的合作是中俄经贸合作的重要组成部分，中国是世界能源消费大国，随着中国经济的飞速发展，对能源的需求也不断增加，从 20 世纪 90 年代开始，就由石油净出口国变为石油净进口国。俄罗斯地域辽阔，矿产资源丰富，是世界上的能源供给大国。中国东北地区与俄罗斯东部地区在能源合作方面，具有生产要素禀赋上的互补性、地理位置的毗邻性、经济利益的一致性、能源战略的契合性等优势，因此在能源领域合作的广度和深度上不断拓宽和加深，不仅使能源进出口的规模不断扩大，还加强了能源上下游产品的合作，还有关于能源基础设施和能源运输通道的开发建设。如表 4 - 10、图 4 - 4 所示，中俄能源合作规模不断扩大，中国对俄罗斯出口能源数量远远小于中国从俄罗斯进口的能源数量，中国对俄出口的能源仅限少量海关编码为 271019 的航空煤油。2001 年中俄能源进出口总值为 8.61 亿美元，占中俄贸易总额的 8.08%，然后整体上贸易值呈上升趋势，到了 2019 年，双方能源贸易额达到 421.94 亿美元，占两国总贸易额的 38.45%，特别是中国从俄罗斯进口能源的数额较大，2019 年，中国从俄罗斯能源进口占中国从俄罗斯进口总额的 69.43%。中俄两国在能源领域的合作越来越密切。

表 4 - 10 　　　　　　　2001 ~ 2019 年中国与俄罗斯能源贸易状况

年份	中国对俄罗斯出口能源总值（亿美元）	中国从俄罗斯进口能源总值（亿美元）	中俄能源贸易总值（亿美元）	中国对俄出口总值（亿美元）	中国从俄进口总值（亿美元）	中俄贸易总值（亿美元）	中国对俄出口能源占中国对俄出口比重（%）	中国从俄进口能源占中国从俄进口比重（%）	中俄能源贸易占中俄贸易比重（%）
2001	0.53	8.08	8.61	27.10	79.59	106.69	1.94	10.15	8.07
2002	0.41	12.84	13.24	35.21	84.07	119.27	1.16	15.27	11.10
2003	0.61	20.96	21.58	60.30	97.28	157.58	1.02	21.55	13.69
2004	0.73	41.88	42.60	90.98	121.27	212.26	0.80	34.53	20.07
2005	1.28	65.55	66.83	132.11	158.90	291.01	0.97	41.25	22.97
2006	1.42	94.64	96.07	158.32	175.54	333.87	0.90	53.91	28.77
2007	1.97	93.54	95.51	285.30	196.89	482.18	0.69	47.51	19.81
2008	2.70	119.47	122.17	330.76	238.33	569.09	0.82	50.13	21.47
2009	0.89	93.86	94.76	175.14	212.83	387.97	0.51	44.10	24.42

续表

年份	中国对俄罗斯出口能源总值（亿美元）	中国从俄罗斯进口能源总值（亿美元）	中俄能源贸易总值（亿美元）	中国对俄出口总值（亿美元）	中国从俄进口总值（亿美元）	中俄贸易总值（亿美元）	中国对俄出口能源占中国对俄出口比重（%）	中国从俄进口能源占中国从俄进口比重（%）	中俄能源贸易占中俄贸易比重（%）
2010	2.22	128.48	130.70	296.12	259.14	555.26	0.75	49.58	23.54
2011	3.51	229.23	232.74	389.03	403.63	792.66	0.90	56.79	29.36
2012	2.94	295.22	298.16	440.57	441.38	881.95	0.67	66.89	33.81
2013	2.86	268.80	271.66	495.91	396.68	892.59	0.58	67.76	30.44
2014	1.85	297.19	299.04	536.77	415.94	952.70	0.34	71.45	31.39
2015	1.77	202.23	204.00	348.10	332.17	680.27	0.51	60.88	29.99
2016	1.58	189.15	190.73	375.06	321.31	696.37	0.42	58.87	27.39
2017	2.44	272.82	275.27	431.50	413.52	845.02	0.57	65.98	32.58
2018	3.75	421.12	424.87	480.05	588.87	1068.92	0.78	71.51	39.75
2019	3.58	418.35	421.94	494.85	602.57	1097.42	0.72	69.43	38.45

资料来源：根据 Trade Map 数据整理计算。

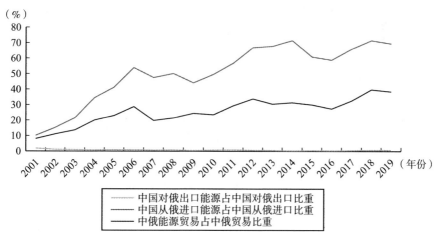

图 4-4　2001~2019 年中国对俄能源贸易占中国对俄贸易的比重

4.2.3.1.1 原油合作

在中俄能源贸易中，原油合作占比较高，如表 4-11 所示。中国从俄罗斯进口的原油数量从 2001 年的 176.60 万吨，上升为 2019 年的 7766.49 万吨，占俄罗斯原油出口比重由 2001 年的 1.16% 上涨为 29.04%，这是中俄全面战略协作伙伴关系发展的结果。

表 4-11　　　　　　2001~2019 年中国与俄罗斯原油贸易状况

年份	中国从俄罗斯进口原油量（万吨）	中国从俄罗斯进口原油金额（亿美元）	俄罗斯对世界出口原油量（万吨）	俄罗斯对世界出口原油金额（亿美元）	中国从世界进口原油总量（万吨）	中国从世界进口原油总金额（亿美元）	中国从俄罗斯进口原油占俄罗斯原油出口比重（%）	中国从俄罗斯进口原油占中国进口原油比重（%）
2001	176.60	3.27	15273.00	236.25	6025.54	116.61	1.16	2.93
2002	302.96	5.76	17572.35	276.54	6940.64	127.57	1.72	4.36
2003	525.43	11.01	20890.12	369.14	9102.01	197.82	2.52	5.77
2004	1077.37	29.37	23981.17	550.74	12280.96	339.12	4.49	8.77
2005	1277.72	49.59	23425.01	795.83	12681.74	477.23	5.45	10.08
2006	1596.54	75.04	22755.58	966.77	14517.48	664.12	7.02	11.00
2007	1452.63	72.20	23854.23	1142.68	16316.18	798.58	6.09	8.90
2008	1163.78	85.87	22163.92	1516.58	17888.52	1293.31	5.25	6.51
2009	1530.39	66.14	22604.16	935.70	20378.62	892.56	6.77	7.51
2010	1524.08	88.82	23007.28	1280.56	23930.87	1353.00	6.62	6.37
2011	1972.45	163.23	21909.97	1716.86	25376.93	1967.71	9.00	7.77
2012	2432.95	204.85	23996.38	1809.30	27097.96	2207.94	10.14	8.98
2013	2434.84	197.43	23661.76	1736.70	28174.21	2196.60	10.29	8.64
2014	3310.75	249.51	22343.79	1538.88	30837.45	2282.88	14.82	10.74
2015	4243.19	172.49	23509.89	861.72	33549.35	1343.41	18.05	12.65
2016	5247.80	167.81	25476.74	736.76	38100.46	1161.71	20.60	13.77
2017	5970.44	237.47	25263.73	933.06	41973.51	1621.91	23.63	14.22

续表

年份	中国从俄罗斯进口原油量（万吨）	中国从俄罗斯进口原油金额（亿美元）	俄罗斯对世界出口原油量（万吨）	俄罗斯对世界出口原油金额（亿美元）	中国从世界进口原油总量（万吨）	中国从世界进口原油总金额（亿美元）	中国从俄罗斯进口原油占俄罗斯原油出口比重（%）	中国从俄罗斯进口原油占中国进口原油比重（%）
2018	7149.44	378.89	26017.11	1290.49	46190.78	2392.22	27.48	15.48
2019	7766.49	364.93	26746.65	1214.44	50589.04	2387.07	29.04	15.35

资料来源：根据 Trade Map 数据整理计算。

在中国东北地区与俄罗斯东部地区的能源合作中，石油管道的开发与建设，是双方能源合作的重要项目。2008 年金融危机爆发后，双方能源合作发生了转机，2009 年 2 月，中俄签署了俄方历史上金额最大的能源合作协议，俄罗斯石油公司将在 20 年内为中方提供 3 亿吨的原油供应，中方为俄方提供 250 亿美元贷款。中俄就石油贷款合同的细节达成协议，中国将向俄罗斯提供总额 250 亿美元的长期低息贷款，俄罗斯从 2011 年开始到 2030 年，每年向中国提供 1500 万吨的石油供应，20 年共计 3 亿吨。[①] 2009 年 4 月，中俄共同签署了《石油领域合作政府间协议》，双方合作进一步深化，加强了输油管道的修建，同年中石油天然气集团与俄罗斯管道运输公司签订了设计管线、建造管线的一系列协议，协议中提到的运油管线从斯科沃罗季诺石油分输站开始，经过我国漠河县到达大庆，2011 年 1 月 1 日，中俄原油管道一线工程正式投产运营，年进口原油 1500 万吨；2018 年 1 月 1 日，中俄原油管道二线工程正式投入商业运营，两条线路并行铺设，继续扩大引进俄罗斯原油。中俄二线管道工程的投产使中国东北方向通过陆上管道每年引进的俄罗斯原油达到 3000 万吨。到 2021 年 1 月 1 日中俄原油管道正式运行 10 周年。哈尔滨海关发布信息，哈尔滨海关所属漠河海关 10 年间监管服务中俄原油管道由俄

① 俄罗斯向中方供应原油将按市场价格操作 [EB/OL]. http：//finance. sina. com. cn/roll/20090221/01465884620. shtml.

罗斯进境原油近2亿吨。①

中俄原油管道对俄罗斯与中国都具有重大意义。对俄罗斯来说，管道的铺设可带动俄罗斯东部地区能源的进一步开发，促进该地区社会经济的发展，使东部地区在全俄的经济地位得以提升。俄罗斯东部地区石油资源十分丰富，但由于缺乏资金和相关技术，并没有得到充分有效的开发与利用。对中国而言，管道的铺设能够保证中国东北地区石油的稳定供应，使东北地区多家炼油厂的炼油设施得以平稳运行，对于整个东北经济的发展是十分有益的。中国东北地区原有的石油资源也比较丰富，但由于多年的高强度开采和挖掘，几大油田纷纷进入开采寿命的中后期，采油成本明显上升，原油产量逐年递减，石油资源供应出现缺口。以黑龙江大庆市为例，大庆是中国第一大油田，石油储量十分丰富，但近年来，大庆油田的后备资源接替不足，剩余可采储量仅有1.97亿吨，而且油田开发效益正在逐年变差。自2007年起，大庆的石油产量从5000万吨的高位逐年下降，2013年大庆的石油产量下降到4000万吨。② 中俄石油管道的建设既符合俄罗斯能源出口多元化战略，也符合中国能源进口多元化战略目标。中俄石油管道铺设可为俄方提供稳定的市场，为中方保障稳定的原油供应，并可推动双方企业在石油开发和炼化方面的进一步合作。如表4－11所示，2019年中国从俄罗斯进口的原油量占全俄石油出口总量的比重增加至29.0%，占中国石油进口总量的比重增加至15.35%。双方合作的重点项目主要有梦兰星河阿穆尔—黑河边境油品储运与炼化综合体项目：2010年中国梦兰星河能源股份有限公司和俄罗斯阿穆尔能源股份公司合作建设年产原油及凝析油处理规模600万吨项目，投资66亿元人民币。项目初步设计已由中石油华东设计院设计完成，正在由俄罗斯国际能源工程公司进行设计转换和俄境内炼油厂进行总体设计工作。该项目已确定为联邦阿穆尔州超前发展经济区项目，享受在俄优惠政策；萨哈（雅库特）共和国油田区块勘探开发项目：2012年梦兰星河能源股份有限公司在俄罗斯萨哈（雅库特）共和国出资收购了图伊玛达石油天然气股份公司75%的股份，兴

---

① 中俄原油管道开通运行10周年 由俄进境原油近2亿吨［EB/OL］. http：//www. chinanews. com/cj/2021/01－01/9376433. shtml，2021－01－01.

② 石油逐渐枯竭，大庆何去？［EB/OL］. http：//business. sohu. com，2014－07－27.

建油田区块勘探开发项目，投资总额 19.8 亿美元，截至 2017 年底，该项目已投资 5688 万美元，目前该项目顺利推进。①

4.2.3.1.2 天然气合作

天然气合作是两国重要合作项目。俄罗斯东部除了有丰富的石油资源以外，天然气储量在世界也居于领先地位。天然气与石油和煤炭相比，是化石燃料中最清洁高效的能源。俄罗斯的天然气分布极不均衡，近 80% 的天然气储量都分布在西伯利亚，中俄双方天然气合作开发潜力巨大。表 4 - 12 显示，2001 年中国从俄罗斯进口的天然气数量仅为 0.05 万吨（根据 Trade Map 数据整理，直接以重量计数），总金额 89000 美元，2019 年，中方从俄罗斯进口天然气数量达 257.17 万吨，总金额达 11.52 亿美元，双方不仅在贸易规模上取得了巨大的进步，更在油气管道开发建设方面，取得了重大进展。

表 4 - 12　　　　　2001 ~ 2019 年中国与俄罗斯天然气贸易状况

年份	中国从俄罗斯进口天然气数量（万吨）	中国从俄罗斯进口天然气金额（亿美元）	俄罗斯对世界出口天然气数量（万吨）	俄罗斯对世界出口天然气金额（亿美元）	中国从世界进口天然气总量（万吨）	中国从世界进口天然气总金额（亿美元）	中国从俄罗斯进口天然气占俄罗斯天然气出口比重（%）	中国从俄罗斯进口天然气占中国进口天然气比重（%）
2001	0.05	0.00089	79.06	173.58	489.28	13.84	0.06	0.01
2002	0.03	0.00064	10330.68	154.73	626.18	15.97	0.00	0.01
2003	0.00	0	10983.01	194.99	638.24	19.88	0.00	0.00
2004	0.25	0.01457	10964.92	211.82	641.16	24.16	0.00	0.04
2005	0.00	0	15895.88	307.67	616.89	28.37	0.00	0.00
2006	0.00	0	22349.13	432.30	605.73	30.30	0.00	0.00
2007	0.00	0	18312.23	437.13	697.79	30.91	0.00	0.00
2008	0.00	0	45233.58	671.42	594.41	29.02	0.00	0.00
2009	19.05	0.45	7365.12	409.24	968.81	33.70	0.26	1.97

① 黑龙江商务年鉴编辑委员会. 黑龙江商务年鉴 [M]. 哈尔滨：黑龙江人民出版社，2019：43.

续表

年份	中国从俄罗斯进口天然气数量（万吨）	中国从俄罗斯进口天然气金额（亿美元）	俄罗斯对世界出口天然气数量（万吨）	俄罗斯对世界出口天然气金额（亿美元）	中国从世界进口天然气总量（万吨）	中国从世界进口天然气金额（亿美元）	中国从俄罗斯进口天然气占俄罗斯天然气出口比重（%）	中国从俄罗斯进口天然气占中国进口天然气比重（%）
2010	38.04	1.96	10439.93	523.25	1521.08	63.67	0.36	2.50
2011	25.19	1.96	19115.58	696.73	2607.10	134.38	0.13	0.97
2012	37.91	3.49	0.00	688.35	3406.20	201.99	0.51	1.11
2013	0.00	0	14976.32	746.39	4258.17	247.27	0.00	0.00
2014	13.08	0.87	9852.30	626.48	5027.04	301.65	0.13	0.26
2015	19.92	1.12	1316.25	56.22	5718.54	249.80	1.51	0.35
2016	25.82	0.85	1574.46	40.64	7102.24	229.85	1.64	0.36
2017	44.70	1.77	1542.79	47.21	8799.01	330.02	2.90	0.51
2018	73.60	4.03	2138.59	74.98	11005.95	500.35	3.44	0.67
2019	257.18	11.52	3342.24	95.01	11815.24	523.54	7.69	2.18

资料来源：根据 Trade Map 数据整理计算。

早在 2006 年，俄气公司就与中石油签订了合作备忘录，将修建两条通往中国的天然气管道。规划通过西线管道将西西伯利亚的天然气运至中国新疆，而东线管道则将东西伯利亚天然气经远东输送到中国东北。西线供气 300 亿立方米，东线供气 380 亿立方米。最初中俄天然气合作进展较慢，直至 2014 年才出现转机。

2014 年 5 月，中国天然气集团有限公司和俄罗斯天然气工业公司签订俄罗斯东线天然气购销合同，合同期限为 30 年，约定俄方每年向中方提供 380 亿立方米的天然气。中俄东线天然气管道起于东西伯利亚伊尔库茨克的科维克金气田，途经伊尔库茨克州、萨哈共和国和阿穆尔州，由布拉戈维申斯克进入黑河市，再经过黑龙江、吉林、内蒙古、辽宁、河北、天津、山东、江苏最终到达上海。俄境内管线名为"西伯利亚力量"，全长 3000 公里左右；中国境内管道长 3170 公里。按计划，管道通气后将向中国东北、环渤海和长三角地区供气。2019 年 12 月 2 日，中俄东线天然气管道开始运行通气。俄罗斯开始向"西伯利亚力量"供应天然气。来自俄罗斯远东地区的天然气，经"西伯利亚力量"管道，从我国黑龙江省黑河市入境，先期抵达东北地区，并接连天然气管网。"西伯利亚工程"是中俄能源领域合作的一个世纪工程项目，是中国东北方向第一条陆上天然气跨境战略通道，是实现优势互补，实现双方利益的又一重大成果。对中国东北地区和俄罗斯东部地区的发展乃至整个中国和俄罗斯联邦的发展有着重要的战略意义。有利于俄罗斯能源生产结构优化，均衡发展能源项目，也有利于中国优化能源结构，改善生存环境，实现经济的可持续发展。另外中俄东线管道的建设也有利于带动两地钢铁冶炼、装备制造业等基础工业的发展，为两地提供众多的就业机会，促进经济的发展，提升人民的生活水平。目前，俄罗斯致力于中俄西线天然气管道项目建设，积极推动"西伯利亚力量 2 号"项目开展。①

亚马尔液化天然气项目是中俄能源合作的大型工程项目，是中国提出"一带一路"倡议后在俄罗斯东部地区实施的首个重大能源合作项目，项目集天然气勘探开发、液化、运输和销售为一体，是目前为止全球在北极地区开发建设的最大型液化天然气项目，它被誉为"镶嵌在北极圈上的一颗能源明珠"。天然气可采储量达 1.3 万亿立方米，凝析油可采储量达 6000 万吨，且埋藏深度浅，纯净度高，开发成本低，但是亚马尔半岛地理位置偏僻，自然环境恶劣，人口稀薄，冬长夏短，冬季最低气温低至零下 50 多度，增加了开发的难度和成本，因此俄罗斯选择对外合作开发。

2013 年中国石油天然气集团公司与俄罗斯诺瓦泰克公司签署了两个重要协议：一个是《亚马尔公司液化天然气购销框架协议》；另一个是《关于收购亚马尔液化天然气股份公司部分股权的协议》，开始参与亚马尔液化天然气项目的实施。2015 年底，中国丝路基金参与其中，与俄罗斯诺瓦泰克公司签署《关于亚马尔液化天然气项目的股权转让协议》，从诺瓦泰克公司购买了 9.9% 的股权。亚马尔液化天然气项目计划年产天然气 250 亿立方米，将

---

① 俄罗斯突然发力：推进中俄西线天然气管道项目！背后或有 3 大原因 [EB/OL]. https://cj. sina. com. cn/articles/view/2622472937/9c4fc2e902001blgh? from = finance，2020 - 07 - 16.

建成 3 条 550 万吨/年生产线，配套年产液化天然气 1650 万吨和凝析油 100 万吨，中国企业抓住机遇，积极参与项目建设，承揽了亚马尔项目全部模块建造的 85%，30 多艘运输船中 7 艘船的建造、15 艘液化天然气运输船中 14 艘船的经营等，共有 45 家中国厂商为项目提供百余种产品。①

亚马尔液化天然气项目成为中俄能源合作的又一典范，可称为中俄合作的"压舱石"和"风向标"。亚马尔液化天然气项目对中俄双方来说是互利共赢的。从俄罗斯方面来说，亚马尔液化天然气项目承担了北极开发探路者的作用，推动了北极航道的开发，进一步开拓了亚太地区的能源市场，有利于振兴东部地区。对于中国来说，亚马尔液化天然气项目有利于中国能源进口多元化战略的实施，有利于调整能源结构、优化空气质量。亚马尔天然气合作项目不仅为中国积累了北极资源开发和大型液化天然气项目建设与管理的技术和经验，为自主开发其他天然气项目打下坚实的基础，更重要的是为中国企业开展海外油气合作特别是"一带一路"合作探索出一种全新的模式。此外，亚马尔天然气合作项目还有利于中国参与北极开发。

虽然中俄能源合作取得了重大突破，但仍存在一些问题。首先，整体来看，中俄能源合作以能源进出口为主，缺少能源开采及产业链上下游加工领域的合作。其次，中俄能源合作缺乏明确的价格机制与法律法规。由于运输路线、开采成本等原因，俄罗斯向中国出口的能源价格较高，价格问题成为制约中俄两国能源合作发展的重要因素。中俄西线天然气管道合同被无限期搁置的主要原因之一就是双方在能源价格方面的分歧。

中俄两国共同出资在俄罗斯东部地区进行能源勘探开发，互设合资企业，开展能源上下游产品的合作，中国东北地区具有与之合作的地缘优势，可以积极参与到两地区合作开发中。

4.2.3.1.3 煤炭合作

中俄开展煤炭合作具有高度的互补性。俄罗斯东部地区具有极其丰富的

---

① 刘洋. 俄媒：中俄亚马尔液化天然气项目提前一年竣工 [EB/OL]. https：//www. yidaiyi-lu. gov. cn/xwzx/hwxw/72617. htm，2018 – 11 – 25.

煤炭资源，迫切需要稳定而广阔的煤炭进口市场，而中国煤炭需求强劲，急切需要长期而稳定的煤炭供应来源。中国东北地区与俄罗斯东部地区地理位置邻近，毗邻地区开展煤炭合作运输成本低，有利于两地煤炭产业的发展，如表 4－13 所示。2001 年中国从俄罗斯进口煤炭 17.89 万吨，占中国煤炭进口总量的 7.18%，随后进口数量逐年上升。2009 年，中国从俄罗斯进口煤炭 1178.46 万吨。中俄双方在 2010 年签署了煤炭合作协议，标志着中俄煤炭合作的正式开始，按照约定，协议签订后的 5 年，中国将从俄罗斯每年至少进口煤炭 1500 万吨，随后 20 年，煤炭进口数量将会增加到不低于 2000 万吨。而中国将 60 亿美元的贷款，用于俄罗斯东部地区矿产资源开采、铁路公路等煤炭运输通道的修建，以及用来采购矿产挖掘设备等，双方共同开发俄罗斯远东阿穆尔河（黑龙江）地区煤炭资源。① 中国从俄罗斯进口煤炭数量在 2012 年达 2018.11 万吨，2019 年是 2917.61 万吨，占中国煤炭进口总量的 14.79%。中俄煤炭合作有效缓解了国内炼焦煤供需紧张的局面。

表 4－13　　　　　　2001～2019 年中国与俄罗斯煤炭贸易状况

年份	中国从俄罗斯进口煤炭数量（万吨）	中国从俄罗斯进口煤炭金额（亿美元）	俄罗斯对世界煤炭出口数量（万吨）	俄罗斯对世界煤炭出口金额（亿美元）	中国从世界进口煤炭总量（万吨）	中国从世界进口煤炭总金额（亿美元）	中国从俄罗斯进口煤炭占俄罗斯煤炭出口比重（%）	中国从俄罗斯进口煤炭占中国进口煤炭比重（%）
2001	17.89	0.06	4147.73	12.04	249.33	0.88	0.43	7.18
2002	115.24	0.37	4321.27	11.51	1081.10	3.28	2.67	10.66
2003	72.38	0.25	6045.43	17.22	1076.09	3.63	1.20	6.73
2004	60.73	0.34	7178.46	27.56	1868.37	8.92	0.85	3.25
2005	89.73	0.57	7965.58	37.56	2617.10	13.83	1.13	3.43
2006	99.09	0.54	9137.49	43.42	3810.52	16.18	1.08	2.60
2007	26.91	0.21	9799.26	53.55	5101.59	24.22	0.27	0.53

① 中俄签署煤炭协议　中国每年进口煤炭量 1500 万吨 ［EB/OL］. http：//www.cwestc.com/newshtml/2010－9－8/173295.shtml, 2010－09－08.

续表

年份	中国从俄罗斯进口煤炭数量（万吨）	中国从俄罗斯进口煤炭金额（亿美元）	俄罗斯对世界煤炭出口数量（万吨）	俄罗斯对世界煤炭出口金额（亿美元）	中国从世界进口煤炭总量（万吨）	中国从世界进口煤炭总额（亿美元）	中国从俄罗斯进口煤炭占俄罗斯煤炭出口比重（%）	中国从俄罗斯进口煤炭占中国进口煤炭比重（%）
2008	76.00	1.53	9744.01	77.52	4034.01	35.10	0.78	1.88
2009	1178.46	10.21	10514.27	73.67	12583.44	105.74	11.21	9.37
2010	1158.27	15.04	11556.96	91.73	16456.85	169.22	10.02	7.04
2011	1057.34	15.78	11046.75	113.72	18205.41	208.84	9.57	5.81
2012	2018.11	23.98	13040.85	130.15	23428.33	252.95	15.48	8.61
2013	2721.58	27.87	13898.49	118.21	26673.24	259.33	19.58	10.20
2014	2523.66	21.90	15316.29	116.42	22669.10	189.04	16.48	11.13
2015	1578.00	10.43	14895.30	92.56	15592.49	101.17	10.59	10.12
2016	1864.25	11.25	16612.92	89.07	18343.04	114.86	11.22	10.16
2017	2530.76	22.31	18140.62	135.30	18827.88	185.23	13.95	13.44
2018	2621.97	25.07	19947.24	170.31	18642.23	195.86	13.14	14.06
2019	2917.61	25.46	20539.43	159.87	19726.77	189.30	14.20	14.79

资料来源：根据 Trade Map 数据整理计算。

4.2.3.1.4　电能合作

俄罗斯电力资源丰富，年供电量达 1 万亿千瓦时。[①] 俄罗斯东部地区电力工业发达，西伯利亚的发电量居全俄第一，东部地区丰富的石油资源、天然气资源、水资源为电力工业的发展提供了优越的条件。我国东北地区与俄罗斯远东地区接壤，对接受俄罗斯电力输入有天然的有利条件。中国东北地区与俄罗斯东部地区的电力合作最早开始于 20 世纪 90 年代，1992 年 7 月 1日，我国第一条跨境输电线路——俄罗斯布拉戈维申斯克市至中国黑河市的

---

① 中俄电力合作累计超 300 亿千瓦时 ［EB/OL］. https：//www.china5e.com/news/news-1079014-1.html，2019-12-23.

110 千伏"布黑线"正式投运送电,开创了中俄两国电力合作的先河。从此以后,我国对俄罗斯购电量整体呈上涨趋势,如表 4 – 14 所示,2001 年中国从俄罗斯进口 166529 兆瓦小时,占俄罗斯电能出口比重仅为 1.28%,占中国电能总进口量的 9.36%,2006 年,双方签署《中国电网公司和俄罗斯统一电力系统股份公司购电合同》,在水电和火电等电力项目开展更广泛的活动;2007 年俄罗斯电力项目的第一阶段建设在黑龙江省黑河市启动,中国投资 20 亿元人民币,该项目是当时中国从国外采购的水平最高、容量最大的输电工程;俄罗斯电力资源价格低,黑河利用低价格优势在俄罗斯建造五秀山俄电加工区;双方还在东北地区与俄罗斯东部地区共同建设直流插头生产厂等。多年来,跨国联网线路源源不断地将俄罗斯电力资源输入中国,不仅提高了俄远东地区能源利用率,也支持了中国东北地区的经济发展,进而推动了国家"北电南送"工程的实施。2019 年,中国从俄罗斯输入电能 3518577 兆瓦小时,占俄罗斯电能出口比重上升为 17.55%,占到中国进口电能总量的 66.91%。

表 4 – 14   **2001~2019 年中国与俄罗斯电能贸易状况**

年份	中国从俄罗斯进口电能数量(兆瓦小时)	中国从俄罗斯进口电能金额(亿美元)	俄罗斯对世界电能出口数量(兆瓦小时)	俄罗斯对世界电能出口金额(亿美元)	中国从世界进口电能总量(兆瓦小时)	中国从世界进口电能总金额(亿美元)	中国从俄罗斯进口电能占俄罗斯电能出口比重(%)	中国从俄罗斯进口电能占中国进口电能比重(%)
2001	166529	0.03	12994468	1.94	1798094	0.95	1.28	9.26
2002	151449	0.028	14297663	2.53	2292966	1.24	1.06	6.60
2003	152018	0.03	17556680	4.16	2980994	1.53	0.87	5.10
2004	315210	0.06	17733371	4.51	3400096	1.73	1.78	9.27
2005	491379	0.10	17888373	5.50	5011193	2.60	2.75	9.81
2006	478725	0.10	18581841	6.68	5388708	2.78	2.58	8.88
2007	120545	0.03	15814874	5.43	4251231	2.37	0.76	2.84
2008	2323	0.0006	18572955	9.89	3841847	2.32	0.01	0.06

续表

年份	中国从俄罗斯进口电能数量（兆瓦小时）	中国从俄罗斯进口电能金额（亿美元）	俄罗斯对世界电能出口数量（兆瓦小时）	俄罗斯对世界电能出口金额（亿美元）	中国从世界进口电能总量（兆瓦小时）	中国从世界进口电能总金额（亿美元）	中国从俄罗斯进口电能占俄罗斯电能出口比重（%）	中国从俄罗斯进口电能占中国进口电能比重（%）
2009	737856	0.29	15060089	6.61	6006500	3.11	4.90	12.28
2010	1055416	0.44	18560121	10.06	5544676	2.74	5.69	19.03
2011	1221485	0.51	18683607	11.04	6562390	3.18	6.54	18.61
2012	2525531	1.23	19143295	10.19	6873975	3.51	13.19	36.74
2013	3655438	1.87	18381987	9.92	7437751	3.95	19.89	49.15
2014	3787584	1.64	14671229	7.37	6749998	3.37	25.82	56.11
2015	3411458	1.75	17775716	7.19	6209816	3.37	19.19	54.94
2016	3342494	1.56	17693791	6.60	6185062	3.20	18.89	54.04
2017	3232174	1.39	17006492	6.40	6422921	3.10	19.01	50.32
2018	3122022	1.39	17740830	8.09	5688237	2.55	17.60	54.89
2019	3518577	1.38	20049349	9.11	5258612	1.86	17.55	66.91

资料来源：根据 Trade Map 数据整理计算。

4.2.3.2　农业合作

中国东北地区与俄罗斯东部地区的农业合作也是两地区合作的重点。两地区在农业资源合作方面拥有较高的互补性，在农业领域的合作越来越得到两国的重视。中国是农业大国，东北地区土地资源丰富，气候温和湿润，农业生产条件较好，但是近年来黑土地的面积与厚度持续降低，可耕地数量和品质不断下降，出现了增长乏力的状况，给东北地区农业的进一步发展带来了压力。

俄罗斯幅员辽阔，领土总面积达 1709.82 万平方公里，农业资源丰富，是世界主要的粮食和农产品出口大国。与中国接壤的东部地区，是世界上最大的黑土地带，但由于人口稀少，农业劳动力资源短缺，大片土地并未得到开发，制约了该地区农业的发展水平。

中国东北地区与俄罗斯东部地区相毗邻，这使两地的农业合作具有良好的地缘优势，双方在农产品贸易、农业劳务合作以及农业科技合作三方面展开。

4.2.3.2.1 农产品贸易合作

西伯利亚地区是俄罗斯最重要的农业区之一，可耕地面积 2200 万公顷，占全俄罗斯可耕地面积 23.7%，耕地面积占全国的近 20%。西伯利亚主要种植和加工谷物，农业能保证本地区百姓粮食的需求，并且成为俄罗斯其他地区和国外市场粮食的供应者。但是，只有粮食和土豆能满足居民正常需求，蔬菜只能满足 80% 的需求，牛奶、肉类和禽蛋也只能达到 60%、70% 和 75% 的需求。[①]

俄罗斯远东地区土地辽阔，拥有超过 250 万公顷的播种面积、400 万公顷的牧草和干草区，可用于养殖奶牛、肉牛以及家禽，还可以种植大豆、玉米、大麦、小麦、水稻以及油菜。2017 年，俄罗斯远东地区向我国出口的农业原料、货物和粮食总额达 12.7 亿美元。但是由于气候条件较差，劳动力短缺等客观条件的限制，远东地区属于俄罗斯农业落后的地区。该地区蔬菜、谷物、肉类以及牛奶产量占对应的消费量比率分别为 58%、79%、25%、44%，这种较低的自给率（产量占消费的比重）为投资者创造了众多的机遇。[②]

东北地区蔬菜、水果种植优势明显，品种齐全，价格上也有竞争优势，与俄罗斯东部地区位置毗邻，交通便利，运输成本较低。得益于得天独厚的沿边开放优势和产品优势，黑龙江省是我国对俄农产品出口的主力，对俄农产品进出口贸易超过黑龙江全省农产品贸易总额的一半，蔬菜对俄出口比例最高，2017 年，黑龙江省对俄出口总额为 161070 万美元，其中，蔬菜出口 17643 万美元，占黑龙江出口总额 11%，鲜、干水果及坚果 12189 万美元，

---

① 姜振军. 俄罗斯东部地区经济发展研究 [M]. 北京：社会科学文献出版社，2016：52.
② 中俄在俄罗斯远东地区合作发展规划 (2018—2024) [EB/OL]. http://www.heihe.gov.cn/info/1186/100368.htm，2020 - 12 - 12.

占比8%，粮食2650万美元；从俄罗斯进口总额937748万美元，其中进口粮食16339万美元，占黑龙江省进口总额的17.4%。从贸易结构来看，黑龙江省对俄出口产品主要是玉米、大米和食用油籽、鲜冻猪肉、鲜冻牛肉、鸡肉等。进口方面，黑龙江省从俄罗斯进口的农副产品比重较低，进口的主要是一些林产品。黑龙江省蔬菜水果出口的主要目的地就是俄罗斯远东地区，主要出口的果蔬产品有香蕉、苹果、柑橘、梨和西葫芦、大头菜、胡萝卜等。1992年开始，吉林省就从俄罗斯进口木材，木材、海产品是其主要的进口产品，吉林省每年都从俄罗斯进口大量的明太鱼，加工后再出口到日本、韩国等地。辽宁省农业自然条件优越，农产品的贸易总额每年都在增加，俄罗斯是辽宁省水果、蔬菜的主要出口市场，渔业合作也是辽宁省与俄罗斯东部地区的特色合作领域，辽宁省自俄罗斯进口的主要产品之一就是"水海产品"。农业也是内蒙古自治区与俄罗斯合作的重要产业，蔬菜、水果、肉类是内蒙古自治区对俄出口的主要产品，原木是内蒙古的主要进口产品。

4.2.3.2.2　农业劳务合作

中国东北地区有丰富的农业劳动力积极参加俄罗斯境外农业开发。俄罗斯东部地区大量耕地闲置，土地租赁有相应的对外开放政策，租金低廉，成本低，再加上俄罗斯东部地区的土地肥沃，种植基本不需要施肥，节约了成本，在远东地区种植的农产品多为绿色生态产品。近年来，黑龙江省每年对俄境外农业劳务输出都在3万人左右。吉林省与俄罗斯农业合作主要形式是农业劳务合作，劳务人员去往远东地区开展蔬菜的种植以及粮食作物种植，合作方式有合作生产和土地租赁经营两种，前者是俄方提供土地、化肥、大型农机具，中方提供人力、物种等；后者是中方自主经营、自负盈亏支付土地和大型农机具的租金，享有种植经营权，收益良好。

随着两地农业合作的发展，中国东北地区与俄罗斯东部地区农业劳务合作领域不断拓宽，最初是中国东北劳动力输出从事种植工作，扩展成为养殖业、农产品加工业等，随后拓展到仓储、物流等农业产业链的下游环节。合作的形式也由最初的民间自行组织，变成了政府出面、企业协助的有组织有规则的劳务合作。

4.2.3.2.3　农业科学技术合作

中国东北地区与俄罗斯东部地区积极开展农业科技合作，从简单的劳动力单一输出，逐渐发展为较高水平的劳动力与技术相结合的合作。俄罗斯是一个科技强国，东部地区科学技术水平很高，在许多领域，俄罗斯都拥有世界领先的科技水平和强大的研究潜力，这是中国东北地区农业发展所需的，双方在农业科技合作方面有广泛的发展空间。自 20 世纪 80 年代末以来，中国与俄罗斯在农业科技合作方面已有所体现，黑龙江省农业科学院与俄罗斯科学院及农科院发展了科研联系，引入先进技术，交换玉米、小麦、亚麻、黄瓜、大豆、马铃薯等品种资源。吉林省与俄罗斯农科院在生物农药等领域的密切合作，对促进生物农药的研发发挥了积极的作用。1994 年，两国政府颁布《中华人民共和国政府和俄罗斯联邦政府关于农工综合体经济与科技合作协定》，确定了双方农业科技合作的主要方向，开始建立高新技术合作园区，探索农业合作的新方式。

近年来，黑龙江省在俄罗斯重点发展境外农业合作园区，园区已经逐渐形成规模，并形成了产销、储运、贸易全产业链开发体系。哈尔滨东金公司在俄罗斯哈巴罗夫斯克现代农场土地种植面积达到 45 万亩，主要种植大豆。黑河北丰公司建设的中俄阿穆尔农牧产业园项目已经累计完成固定资产投资 5 亿元人民币，已有 6 家企业入园。截止到 2019 年 10 月，黑龙江省在俄罗斯农业经营主体发展至 150 多家，投资额突破 12 亿美元。[①]

2004 年，黑龙江省东宁华信经济贸易有限责任公司在俄罗斯滨海边疆区成立中俄合资阿尔玛达公司，投资建设中俄（滨海边疆区）现代农业产业合作区，是目前为止中俄最大的农业合作项目，项目集种植、养殖加工为一体，合作区有耕地 6.8 万公顷，建有 14 个种植园区，设有仓储、养殖、加工等项目，是我国在境外设立的首个国家级农业产业园区，该项目的成功运营将进一步拓展中国农业发展空间。2004 年黑龙江省宝泉岭农垦远东农业开发有限

---

① 朱佳宁：黑龙江与俄罗斯在农业领域合作成效显著　对俄投资额超 12 亿美元［EB/OL］. ht-tps：//zezx. dbw. cn/system/2019/10/10/001344426. shtml，2019 - 10 - 10.

公司在俄罗斯犹太自治州建立了"境外大豆种植"项目,总投资额142万美元,截至2017年底,实际投资达1846万美元,目前租赁土地21万亩,拥有农机器具780套,共向俄输出劳务人员1500多人,运回大豆20000吨,2017年大豆产量21000吨。①

2006年辽宁丹东市在俄罗斯设立了俄罗斯林业工业园;2007年,在中国境内的第一个对俄农业园——黑龙江中俄农业高新技术合作示范园建立;2015年,黑龙江联合中俄投资基金和俄罗斯直接投资基金共同签署成立中俄农业投资基金,专项开发建设中俄两国农业项目资金总金额达20亿美元。2017年抚远金良现代农业有限公司在俄罗斯哈巴边疆区投资设立"100万亩大型现代化农场"项目,总投资5182万美元,截至2017年底,已投资3100万美元,收购土地5.66万公顷,在2017年实现种植面积12万公顷,生产大豆1.6万吨、青贮饲料2万吨。

2020年12月2日举行的俄中政府首脑第25次定期会晤上,俄罗斯政府总理米舒斯京和中国总理李克强指出新冠肺炎疫情对经济合作带来负面影响的同时,共同表示对两国各领域合作巨大潜力有信心,双方重申之前公布的到2024年实现双边贸易额增至2000亿美元的目标。两国总理着重关注"切实加强合作",提出了加快签署2024年前高质量发展双边商品和服务贸易路线图的任务。特别强调了重点发展领域为农业,主要是大豆在投资和贸易领域内的整个生产链条的相互协作。② 未来,中俄两国全面发展战略协作伙伴关系,中俄之间的农业合作一定会在规模上、层次上迈向更高的台阶。

4.2.3.3 交通基础设施合作

交通基础设施领域的建设是区域经济合作顺利开展的前提保障。中国东北地区有四通八达的交通运输网络,从东北振兴战略实施以来积极推动公路网的改造,着力完善铁路电气化改造,为了解决中国东北地区与俄罗斯东部地区交通基础设施建设较为落后的状况,在"一带一路"框架下两地区广泛

---

① 黑龙江商务年鉴编辑委员会. 黑龙江商务年鉴 [M]. 哈尔滨:黑龙江人民出版社,2019:43.
② 年终专稿:2020年中俄经贸合作回顾 [EB/OL]. http://zezx.dbw.cn/system/2020/12/21/001404952.shtml,2020 – 12 –21.

开展了合作，在公路、铁路、港口等交通基础设施建设方面，取得了显著的进展。

4.2.3.3.1 铁路运输合作

中俄铁路运输在中俄货运和客运中占有重要地位，中俄过货量的 70% 以上都是通过铁路运输完成的，双方在铁路运输方面开展了积极的合作。

1. 中俄同江—下列宁斯阔耶铁路大桥建设

2008 年 3 月，两国之间第一座铁路界河桥，中俄同江—下列宁斯阔耶铁路大桥建设正式立项，标志着中国东北地区与俄罗斯东部地区交通运输领域务实合作的开始。中俄同江—下列宁斯阔耶铁路大桥建设项目被列入 2009 年《俄罗斯远东及东西伯利亚地区合作规划纲要》中的重要项目列表。大桥位于俄罗斯犹太自治州的下列宁斯阔耶，横跨阿穆尔河，与黑龙江佳木斯同江市相连接，大桥长度为 2215 米，中方部分 1900 米，俄方部分 315 米，铁路运输能力达每年 2100 万吨，其建设标准与中俄两国标准铁路相兼容，有利于两国之间开展无障碍交通。2013 年两国签署了大桥建设协议，俄罗斯远东和贝加尔地区发展基金提供 25% 的资金，俄罗斯直接投资基金通过俄中基金投资 75%。俄罗斯犹太自治州代理州长罗斯季斯拉夫·戈尔德施泰因指出，"大桥将于 2021 年第一季度完工，并连接到俄罗斯联邦铁路网。因此可以确信，这个项目即将结束"①。目前，大桥主体工程已经完成，大桥建成后将把中国铁路网与俄罗斯铁路干线相连，形成一条新的国际铁路联运通道，对中国东北振兴战略和俄罗斯东部大开发战略的实施具有重要的意义。

2. 中俄珲春—马哈林诺铁路恢复运行

根据《俄罗斯远东及东西伯利亚地区合作规划纲要（2009—2018）》规定，应恢复"珲春—马哈林诺—扎鲁比诺铁路"运营，珲春—马哈林诺铁路国际联运线路在 20 世纪 90 年代开通，运行期间共向中方输送货物 5.18 万吨。由于经营管理及口岸设施不完善等原因，该铁路口岸在 2004 年 4 月临时

---

① 中俄下列宁斯阔耶 - 同江跨国大桥将于 2021 年第一季度竣工 [EB/OL]. https：//www. sohu. com/a/407520111_99893481.

关闭。2013 年 8 月，关闭了 9 年的铁路重新通车，国际联运的恢复大大降低了中俄两地过境货物的运输成本，缩短了过境货物的通过时间，促进了两地经济的发展。中俄珲春—马哈林诺铁路运行的恢复，标志着中俄之间的贸易往来步入了加快发展时期，充分带动了中国东北地区与俄罗斯东部地区的经济发展。

2020 年 6 月，吉林省东北亚海丝路海运公司组织的装载 6 个 40 英尺集装箱铁路车皮组自珲春国际铁路站缓缓驶出，在当日 18 时 34 分抵达中俄边境俄卡梅绍娃雅铁路站，最终抵达朝鲜豆满江铁路站。

本次载货线路的成功运营，得到了俄罗斯国家铁路莫斯科总部及朝鲜国家铁路部门的支持，创新性地发展了中国货物经俄罗斯哈桑支线直接运往朝鲜的多国铁路联运业务，最大限度地缩短了货物境外过境运输里程，对提高运输效率、降低物流成本具有重要意义。这次开展的多国铁路联运试运行对未来发挥珲春—马哈林诺国际铁路口岸影响广泛，为今后研究推动建设珲春（中）—马哈林诺（俄）—罗津（朝鲜）港—中国南方港口的铁海联运及珲春—俄西伯利亚铁路—欧洲多国铁路联运等战略发展目标提供了技术指导，珲春—马哈林诺铁路口岸成为中俄"滨海 2 号"国际运输走廊重要节点和发展对朝鲜以及对欧洲国家合作的重要通道。①

3. 中欧班列

在"一带一路"建设背景下，我国东北地区通过西伯利亚大铁路成功开通了中欧班列，这是连通中国和欧洲以及"一带一路"沿线国家的集装箱国际铁路联运班列。2015 年 2 月，在黑龙江省哈尔滨香坊火车站发出一辆装载石油勘探设备的集装箱货运列车，标志着中俄班列正式启运。本次班列全程6578 公里，可以到达俄罗斯中部地区，这是中国东北地区首次运行的中欧班列。班列的顺利运营节约运输成本，提高物流效率，进而降低商品成本，提高商品国际竞争力，为推动中俄全方位互动合作，带动黑龙江省对外开放水平的提升提供了新的动力。

---

① 珲春—马哈林诺铁路口岸经俄远东哈桑支线至朝鲜豆满江多国铁路联运试运行 [EB/OL].
http://www.cailianxinwen.com/manage/homePage/getNewsDetail？newsid = 188355，2020 - 06 - 29.

黑龙江省哈尔滨到德国汉堡的中欧班列，是从哈尔滨始发，途经满洲里，然后通过俄罗斯外贝加尔地区到达赤塔，再借助俄罗斯西伯利亚大铁路，经俄罗斯叶卡捷琳堡和莫斯科，最终抵达德国汉堡，全程 9820 公里，打造了一条从黑龙江省到达俄罗斯以及欧洲重要经济区的新丝绸之路通道。

这条班列的顺利运营，为中国东北老工业基地的振兴提供了助力，推动了丝绸之路沿线国家之间货物运输的交通升级，也为俄罗斯东部地区的经济增长和吸引投资带来了新的机遇，激发了俄罗斯东部地区开发建设的活力①。

4. 多条国际班列顺利运行

2015 年 8 月 31 日吉林"长满欧"班列开始双向试运行，该班列从长春出发，经满洲里口岸出境，连接俄罗斯境内 80 多个铁路站点，在欧洲境内连通波兰、德国、荷兰等 10 个国家的 30 个铁路站点，向东涵盖东北亚及我国东南沿海城市。2019 年 1 月 29 日，吉林省另一条国际铁路联运大通道"长珲欧"在俄罗斯启动试运行，班列从俄罗斯新西伯利亚克里西哈驶出，行驶 7100 多公里，经珲春铁路口岸，最终到达长春，标志着"长珲欧"首批进境货物试运行成功。"长珲欧"国际铁路联运通道已成为中欧班列东线稳定运行通道，有效缓解中欧班列东线出境口严重拥堵的问题，将"一带一路"建设、"长吉图"战略与俄罗斯"滨海 2 号线"有效对接，这是建设长春东北亚物流枢纽中心、打造开放发展新格局的举措。②

2015 年 10 月 30 日，辽宁省沈阳"沈满欧"国际班列开通，沈阳是连接欧亚大陆桥的战略通道，是连接欧亚和东北、华北的重要交通节点，运行中欧班列具有得天独厚的地理优势。沈阳开通中欧班列是贯彻落实"一带一路"倡议，推动与"一带一路"沿线国家道路连通、贸易畅通的重要举措，也是沈阳扩大对外开放、发展外向型经济的重要途径。③

---

① 杨慧，李慧秋．"一带一路"倡议下中国东北与俄罗斯远东合作研究 [J]．东北亚经济研究，2019，3（3）：22－30．

② "长满欧""长珲欧"班列"两翼齐飞"促吉林省开放 [EB/OL]．http://www.xinhuanet.com/finance/2019－04/28/c_1210120813.htm，2019－04－28．

③ "沈满欧"班列沈阳首发．中国日报辽宁记者站 [EB/OL]．http://cnews.chinadaily.com.cn/2015－10/30/content_22328461.htm．

4.2.3.3.2　公路运输合作

1. 黑河—布拉戈维申斯克公路大桥

中俄黑河—布拉戈维申斯克界河公路大桥，是中俄两国间第一座跨黑龙江（阿穆尔河）界河的公路桥，使被称为"中俄双子城"的中国黑河市和俄罗斯布拉戈维申斯克市真正连通到了一起。

中俄两国政府在1995年签署协议，提出修建黑河—布拉戈维申斯克黑龙江（阿穆尔河）公路大桥。2016年底，黑河—布拉戈维申斯克大桥正式开始施工，横跨两国界河的公路大桥进入正式建设阶段。大桥全长19.9公里，中方境内长6.5公里，俄方境内长13.4公里，标准为二级公路，项目总投资达24.7亿元人民币。

据《俄罗斯报》2020年5月12日报道，俄罗斯远东和北极发展部发布消息，俄联邦建设和住房公用事业部已向布拉戈维申斯克—黑河国际公路桥发放了运营许可证，在新冠肺炎疫情限制措施解除后开始运行。预计大桥通车后过货量将达到600万吨，客运量达到300万人次。黑河—布拉戈维申斯克公路桥是一条新的国际公路大通道，有利于推进中俄两地公路的互联互通，为"一带一路"中蒙俄经济走廊建设及龙江陆海丝绸之路经济带建设提供了重要跨境基础设施保障。

2. 多条跨境公路线路运行

中国东北地区与俄罗斯东部地区有多条跨境公路运输线，包括绥芬河至波格拉奇内线、虎林至列索扎沃茨克线、密山至卡缅雷巴洛夫线、东宁至伯克罗夫卡线、珲春至斯拉维扬卡线、东宁至乌苏里斯克线、牡丹江至乌苏里斯克线、七台河至乌苏里斯克线、珲春至克拉斯基线诺、长春至符拉迪沃斯托克线、哈尔滨至符拉迪沃斯托克线等。这些线路的顺利运行极大促进了中国东北地区同俄罗斯东部地区之间的货运和客运，推动了两地经贸合作开展和民间友好关系发展。

2020年，在新冠肺炎疫情影响下，中国和俄罗斯滨海边疆区积极开展合作，帮助两国公民顺利通过"波格拉奇内—绥芬河""波尔塔夫卡—东宁""克拉斯基诺—珲春"三个公路口岸。

4.2.3.3.3 港口建设合作

俄罗斯最大的港口运营商苏玛集团在 2015 年与吉林省签订共建扎鲁比诺万能海港的协议，扎鲁比诺港目前有四个码头，在此基础上，俄罗斯规划新建 12~15 个码头，整个港口分为集装箱码头、专业粮食码头和综合码头三部分。扎鲁比诺港是俄罗斯远东天然的不冻港，通过铁路、公路与俄罗斯腹地和吉林省的珲春相连，该港口主要用于中国东北地区的货物运送到世界各地，以及运往中国南部，吉林省可以利用该港口实现其"借港出海"战略。

4.2.3.3.4 国际交通走廊的建设

为促进中国东北地区与俄罗斯东部地区经济的合作，中俄两国积极推动"滨海 1 号"和"滨海 2 号"国际交通走廊的建设。2015 年，俄罗斯在建设符拉迪沃斯托克自由港的同时，提出计划在自由港内建设两条发展潜力巨大的国际交通走廊："滨海 1 号"和"滨海 2 号"。其中"滨海 1 号"线从哈尔滨、绥芬河开始经过格罗捷阔沃、符拉迪沃斯托克港、纳霍德卡港、东方港最后到达亚太地区港口；"滨海 2 号"线从长春、吉林和珲春开始经过马哈利诺、波西耶特和扎鲁比诺最后到达亚太地区港口。中俄双方于 2017 年 7 月，共同签署《关于共同开发滨海 1 号和滨海 2 号国际交通走廊的谅解备忘录》，黑龙江参与"滨海 1 号"建设，吉林参与"滨海 2 号"的建设，两条国际交通走廊建成后，将给俄罗斯东部地区和中国东北地区带来巨大的经济效益。"滨海 1 号"和"滨海 2 号"国际交通运输走廊的建设是中国"一带一路"建设的重大项目，可以使黑龙江和吉林两省拥有出海口的愿望得以实现，充分利用俄罗斯远东地区港口实现陆海联运，敲开中国东北地区对外开放的大门。与此同时，俄罗斯东部地区能够利用港口运输量取得经济收益，进而带动地区经济的发展，中俄在跨境基础设施建设方面的合作有利于促成海陆联运，推动两地基础设施互联互通，对拓展边贸合作来讲是一个不可多得的历史机遇，是互利双赢的重要举措，对于中国东北振兴与俄罗斯东部大开发战略的实施具有重大的推动作用。

4.2.3.4　金融合作

中俄两地的金融合作首先在国家层面上开展。早在 2000 年，两国就建立了银行分委会制度，旨在加强银行间的相互信任与互动合作。2002 年，中俄总理会晤联合公报中指出双方要进一步扩大中央银行和商业银行之间的合作，为中俄开展经济合作提供金融方面的服务。中俄两国央行签署了一系列金融和银行间的协议，为商业银行之间的合作提供完善的制度基础和规范的政策环境，并签署了《中俄关于在外汇监管领域的合作协议》和《中俄央行关于金融机构业务监管合作协议》以及《中俄央行合作协议》等。2009 年，"中俄银行合作分委会"更名为"中俄金融合作分委会"，除了银行之间的合作，也将保险和证券合作纳入合作范围。中国进出口银行和中国国家开发银行是对俄罗斯金融合作的"领头羊"，向中俄企业和俄罗斯的金融机构提供贷款，以促进两国重点项目的建设。两国金融合作的重要内容之一是推进本币结算。2002 年，中国人民银行与俄罗斯中央银行签署了《关于边境地区银行间贸易结算协议》。[①] 俄罗斯驻华大使馆表示，在 2020 年中俄本币结算比例约 25%，在不到 7 年的时间，增长了将近 9 倍，未来两国本币结算比重有可能达到一半。[②]

国家层面的金融合作带动了中国东北地区与俄罗斯东部地区金融合作的开展，随着中国东北地区与俄罗斯东部地区贸易和投资合作的开展，两地间的金融合作不断深入，主要围绕以下五个方面开展合作。

4.2.3.4.1　推行边境地区本币结算业务

根据《关于边境地区银行间贸易结算协议》规定，从 2002 年 8 月开始，黑龙江省黑河市就同远东地区阿穆尔州布拉戈维申斯克市开展银行间本币结算业务。2007 年，本币结算的范围扩大到中俄边境地区，包括中国东北地区

---

① 张弛. 中国东北地区与俄罗斯东部地区经济合作模式研究［M］. 北京：经济科学出版社，2013：133 – 138.

② 俄媒称中俄本币结算 7 年增 9 倍［EB/OL］. https：//www.360kuai.com/pc/9d740b46bdb711b37？cota = 3&kuai_so = 1&tj_url = so_vip&sign = 360_57c3bbd1&refer_scene = so_1，2020 – 12 – 31.

的黑龙江省、吉林省、内蒙古自治区以及新疆维吾尔自治区与俄罗斯6个联邦主体。从货物贸易领域扩大到旅游等服务贸易领域，从边境贸易扩大到一般贸易，都推行了本币结算。

2019年8月，中国（黑龙江）自由贸易试验区正式成立，为提升自贸区投资便利化水平，国家外汇管理局黑龙江省分局在2019年底公布《关于在中国（黑龙江）自由贸易试验区开展外汇创新业务的通知》，同意自由贸易试验区内的银行为境外机构提供境内外汇账户结汇业务（被称为NRA账户）。NRA账户结汇业务有利于降低"走出去"企业人民币结算汇兑成本，有利于扩大人民币在周边国家使用，促进贸易投资便利化，提升自贸区对外开放水平。2020年1月初，位于黑龙江自由贸易试验区哈尔滨片区的哈尔滨银行松北支行，为黑龙江省一家境外中资企业办理了境外机构境内外汇账户结汇业务，标志着黑龙江自贸试验区内首笔NRA账户结汇业务成功落地。①

吉林省珲春农商银行抓住中俄两国贸易不断升级这一机遇，先后与俄罗斯滨海边疆区商业银行、贝加尔投资银行、外贸银行等搭建合作关系，推动双边本币结算业务。用户可以在珲春农商银行办理汇往俄罗斯境内任意收款银行的人民币和卢布国际汇款业务。同时，俄罗斯境内的用户也可以将人民币和卢布汇往在珲春农商银行开立的账户中。珲春农商银行依托其高效的清算网络，汇出款项可在1小时内覆盖俄罗斯境内的任意收款银行。截至2018年末，珲春农商银行累计实现卢布结算量36.96亿元。②

4.2.3.4.2 人民币实施"走出去"战略，扩展对俄直接投资和融资

哈尔滨银行于2009年向俄罗斯康吉国际工贸公司提供900万元境外企业人民币贷款，这是黑龙江省金融机构第一次向俄罗斯企业发放人民币贷款，随后哈尔滨银行积极开展对俄罗斯投融资业务。2016年，联合国内多家银行与俄罗斯开发与对外经济银行签署了总金额100亿人民币的银团贷款协议，

---

① 哈尔滨银行成功办理区内首笔NRA账户结汇业务 [EB/OL]. http://hlj. people. com. cn/n2/2020/0121/c220024 – 33736688. html，2020 – 01 – 21.

② 吉林珲春农商银行创新开展对俄金融合作 [EB/OL]. https://www. sohu. com/a/299984597_481890，2019 – 03 – 08.

主要用来支持"一带一路"框架下的中俄重点合作项目。

4.2.3.4.3 中俄金融机构合作交流平台建立

2015 年，哈尔滨银行联合俄罗斯联邦邮储银行共同建立第一个中俄金融机构合作交流平台——"中俄金融联盟"。截至 2019 年，成员银行共 68 家，中国银行 32 家，俄罗斯银行 36 家，其中 14 家在俄罗斯远东和西伯利亚地区设有分支机构，合作领域扩大，包括资金清算、本币结算、跨境融资、外汇交易、电子银行、外币现钞等；合作的范围日趋广泛，从传统的商业银行间的合作日渐扩展为保险、金融领域的合作。[①]

4.2.3.4.4 持续推动银联卡支付合作和跨境电子商务支付平台

中俄两国金融机构积极推动银联卡受理合作，努力提高东部地区银联卡发卡数量，完善东部地区银联卡受理环境，鼓励双方边境口岸城市人员使用银联卡。2009 年，农业银行黑龙江省分行与俄罗斯滨海社会商业银行签订协议，开展了金穗借记卡境外取现业务。截至 2019 年 4 月末，俄罗斯发卡机构共发行银联卡 230 余万张，俄罗斯联邦储蓄银行和俄罗斯外贸银行（VTB）等多家大型商业银行提供 10 万余台的 ATM 机受理银联卡。[②]

在黑龙江省外汇管理局的积极推动下，各银行对俄罗斯跨境电子商务支付结算平台的建设稳步开展。2014 年，中国银行黑龙江省分行与北京易智付科技有限公司签订协议，在开展跨境电子商务支付业务方面达成一致意见，易智付已在黑龙江省开立分公司。[③]

4.2.3.4.5 中俄跨境现钞调运稳步推行

打通中俄两国之间现钞供应通道，将极大促进中俄乃至整个丝绸之路沿

---

① "一带一路"建设中的中俄金融合作探索［EB/OL］. https：//www. sohu. com/a/315709297_570214，2019 – 05 –22.
② 黑龙江省对俄金融合作迈入新时代［EB/OL］. http：//hlj. ifeng. com/a/20190619/7462631_0. shtml，2019 – 06 – 19.
③ 黑龙江省中俄金融合作驶入快车道［EB/OL］. https：//www. xzbu. com/2/view – 11923490. htm，2020 – 12 – 10.

线国家的经济贸易往来以及在金融领域开展合作。2015 年 10 月哈尔滨银行通过北京海关使用航空运输的方式，顺利向俄罗斯亚洲太平洋银行跨境调运 500 万元的人民币现钞，这是我国首笔由金融机构通过航空运输方式跨境调运人民币现钞，代表着黑龙江人民币现钞向俄罗斯跨境调运通道正式建立。人民币现钞的充足供应，有利于降低俄罗斯各商业银行的汇兑成本和汇率波动的风险，也有利于减少俄罗斯人民币市场的现钞收付费用。①

恰逢中俄建交 70 周年之际，哈尔滨银行同俄农业银行、俄罗斯开放金融集团银行在 2019 年 6 月，分别签署了《现钞跨境调运合作协议》，这标志着哈尔滨银行在对俄同业合作进程中取得了又一突破性成果，为推动中俄双边经贸发展注入了新的活力。② 2020 年 9 月 17 日，哈尔滨银行通过绥芬河口岸将 3000 万卢布现钞调运至俄罗斯符拉迪沃斯托克市，黑龙江省首条对俄卢布现钞陆路跨境调运通道成功打通。自 2012 年开办对俄现钞跨境调运业务以来，哈尔滨银行已成功开通了多条对俄人民币及卢布现钞双币种、调入及调出双向、陆路及航空联合调运渠道，与 10 家俄罗斯银行建立了现钞业务合作关系。截至 2020 年 9 月，累计对俄跨境调运卢布现钞超 71 亿卢布，调运人民币现钞 3.62 亿元，在对俄罗斯现钞跨境调运方面具有明显的渠道、模式、规模等优势。③

吉林珲春农商银行是吉林省对俄金融业务最有特色的银行，不断创新开展与俄罗斯的金融合作。2014 年 12 月 22 日，200 万卢布现钞通过陆路汽车运输从珲春农商银行调运至俄罗斯滨海边疆区商业银行，顺利实现第一笔向俄罗斯跨境调运卢布的现钞业务。两行又在 2015 年 3 月 20 日，互调人民币现钞与卢布现钞。随后两行又在 2019 年 1 月 24 日，顺利实施美元现钞调运，这是珲春农商银行第一次向俄罗斯调运美元现钞，是全国第一家可提供对俄调运各币种现钞的金融机构，开启了现钞调运业务全币种模式新篇章。现钞

---

① 人民币现钞对俄跨境调运渠道建立 [EB/OL]. https：//money.163.com/15/1023/09/B6JOHDD200253B0H.html，2015 – 10 – 23.

② 哈尔滨银行与俄罗斯两家银行签署现钞跨境调运协议 [EB/OL]. http：//www.hljnews.cn/article/115/115090.html，2019 – 06 – 18.

③ 黑龙江开通首条卢布现钞陆路跨境调运通道——绥芬河自贸试验区对俄金融服务取得新突破 [EB/OL]. https：//www.hlj.gov.cn/n200/2020/0917/c603 – 11007999.html，2020 – 09 – 17.

调运业务的发展，使中俄本外币清算服务体系日趋完善，推动了人民币区域化和国际化建设的步伐，丰富了中俄贸易结算工具，打造了卢布现钞合法运回的通路，促进了中俄贸易的快速发展。①

4.3 中国东北地区与俄罗斯东部地区 经济合作存在的主要问题

中国东北地区与俄罗斯东部地区经济合作存在的主要问题有以下四个方面，需要说明的是，出于对本章篇幅过大以及本书逻辑结构设计合理的考虑，关于两地区经济合作存在问题的原因分析，本书将在第五章两地区开展经济合作的制约因素中进一步展开。

4.3.1 贸易规模小，贸易结构单一，合作水平低

4.3.1.1 贸易规模小

改革开放之后，随着中俄两国政治经济关系的发展，中国东北振兴战略与俄罗斯东部地区大开发战略的对接，中国与俄罗斯在毗邻地区经贸领域的合作取得了一定的进步，但是仍然存在一些问题，贸易规模不大。根据《中国统计年鉴（2018）》统计，2017 年中俄贸易额为 842.21 亿美元，中国进出口总额为 41071.6 亿美元，中俄之间的贸易额占中国进出口总额的比重仅有 2.05%。如表 4-15 所示，2017 年，东北地区对俄贸易总额为 187.19 亿美元，2018 年中俄贸易额首次突破 1000 亿美元，东北地区对俄贸易额也有了巨大的进步，比 2017 年提高 41.57%。虽然东北地区具有对俄开展贸易合作的比较优势，尤其是黑龙江对俄贸易额占到黑龙江对外贸易额的近 60%，但

---

① 吉林珲春农商银行创新开展对俄金融合作 [EB/OL]. https：//www. sohu. com/a/299984597_481890，2019 - 03 - 08.

是从贸易绝对数量来看，中俄毗邻地区贸易规模，以及中俄两国的贸易规模还处于较低水平。中国东北地区对俄贸易额占东北地区贸易总额的比重尚未超过 16% 。主要的原因就是俄罗斯东部地区处于俄罗斯的"边缘"地区，经济发展水平低，人口稀薄且分布不均，导致需求有限，难以形成规模经济。

表 4－15　　　　　　2000～2018 年中国东北地区对俄进出口贸易情况

年份	东北地区对俄进出口总额（亿美元）	东北地区对俄出口额（亿美元）	东北地区自俄进口额（亿美元）	中俄进出口总额（亿美元）	中国对俄出口总额（亿美元）	中国自俄进口总额（亿美元）	东北地区对俄贸易额占中俄贸易总额比重（%）	东北地区对俄贸易总额（亿美元）	东北地区出口总额（亿美元）	东北地区进口总额（亿美元）	东北地区对俄贸易占东北地区贸易总额比重（%）
2001	31.8	11.06	20.74	106.69	27.1	79.59	29.81	289.78	153.21	136.48	10.97
2002	38.75	12.56	26.30	119.27	35.21	84.07	32.49	328.05	175.01	153.04	11.81
2003	46.38	19.37	27.02	157.58	60.3	97.28	29.43	411.74	211.01	200.73	11.26
2004	60.32	24.70	35.35	212.26	90.98	121.27	28.42	520.69	260.02	260.77	11.58
2005	84.22	42.82	41.41	291.01	132.11	158.9	28.94	622.72	340.45	282.27	13.52
2006	104.30	55.51	48.78	333.87	158.32	175.54	31.24	751.07	419.01	332.16	13.89
2007	158.67	99.00	59.67	482.18	285.3	196.89	32.91	948.15	544.07	404.17	16.73
2008	155.78	95.97	59.83	569.09	330.76	238.33	27.37	1176.13	669.80	506.42	13.25
2009	96.10	44.68	51.42	387.97	175.14	212.83	24.77	976.54	489.66	486.58	9.84
2010	122.44	57.64	64.90	555.26	296.12	259.14	22.05	1317.39	672.15	645.24	9.29
2011	247.57	56.48	191.08	792.66	389.03	403.63	31.23	1684.59	783.97	900.62	14.70
2012	271.31	66.81	206.29	881.95	440.57	441.38	30.76	1776.37	823.40	953.06	15.27
2013	281.15	84.14	197.01	892.59	495.91	396.68	31.50	1910.02	915.69	993.90	14.72
2014	293.42	109.56	183.84	952.7	536.77	415.94	30.80	1937.94	882.75	1055.19	15.14
2015	170.17	41.39	128.67	680.27	348.1	332.17	25.02	1488.14	691.93	795.90	11.44
2016	156.52	34.02	122.50	696.37	375.06	321.31	22.48	1332.01	567.91	764.10	11.75
2017	187.19	34.38	152.80	845.02	431.5	413.52	22.15	1507.74	594.48	913.26	12.42
2018	265.00	28.27	236.73	1070.5	479.7	590.8	24.75	1771.21	639.07	1132.14	15.49

资料来源：根据东北地区历年统计年鉴计算整理。

4.3.1.2 贸易结构单一

双方贸易结构不合理，贸易商品附加值较低且比较单一，经济合作远远落后于政治合作。从两地区贸易合作的结构来看，中国对俄罗斯出口的产品主要是以轻纺产品为主，服装、鞋帽、农产品等占了进口总额的 2/3 左右，近年来，机电产品出口比重有所增加，但也未超过 30%。中国自俄罗斯进口的商品主要是以能源和原料为主，进出口商品附加值较低。在东北地区，黑龙江省对俄贸易规模最大，以 2017 年黑龙江省对俄贸易结构为例，我们发现黑龙江省对俄进出口商品结构中，对俄出口数额最大的商品第一位是服装及衣着附件类，总金额达 35304 万美元，占黑龙江省对俄出口总额的 21.93%；第二位是鞋类，出口 21052 万美元，占比 13.08%；黑龙江省自俄罗斯进口规模最大的产品是原油，达 666637 万美元，占黑龙江省自俄进口总额的 71.07%；第三位是原木和锯材，总金额达 141859 万美元，占黑龙江省自俄进口总额的 15.12%，如表 4－16 所示。中国东北地区与俄罗斯东部地区需要提升合作的水平，俄罗斯东部地区应逐渐改变资源型产品出口的导向，向出口技术含量高的深加工、高科技、电子以及机械制造业产品的出口转变。双方急需寻找新的发展模式替代，投资作为国际贸易的深层次发展，有利于改善贸易结构，提升贸易层次。贸易结构单一，商品附加值较低的原因在于中国东北地区与俄罗斯东部地区的经济合作是建立在双方自然资源、产业结构互补的基础之上，俄罗斯东部地区开展与中国东北地区的经济合作，就是基于其具有的自然资源禀赋优势，而中国东北地区发展劳动密集型产品方面拥有比较优势。

表 4－16 2017 年黑龙江省对俄进出口商品结构

黑龙江对俄出口			黑龙江自俄进口		
名称	金额（万美元）	占比（%）	名称	金额（万美元）	占比（%）
服装及衣着附件	35304	21.93	原油	666637	71.07
鞋类	21052	13.08	原木	77557	8.27

续表

黑龙江对俄出口			黑龙江自俄进口		
名称	金额 （万美元）	占比 （%）	名称	金额 （万美元）	占比 （%）
蔬菜	17643	10.96	锯材	64302	6.86
鲜、干水果及坚果	12189	7.57	煤	25154	2.68
纺织纱线、织物及制品	9317	5.79	铁矿砂及其精矿	20895	2.23
塑料编织袋	5337	3.31	粮食	16339	1.74
粮食	2650	1.65	纸浆	11787	1.26
玩具	2329	1.45	肥料	8412	0.90
箱包及类似容器	2124	1.32	食用植物油	2733	0.29
钢材	2004	1.24	合成橡胶	2190	0.23

资料来源：根据《2018 年黑龙江商务年鉴》整理计算。

4.3.2 东北各省区与俄罗斯东部地区经济合作水平不均衡

贸易结合度是衡量两国在贸易方面相互依存度的重要指标。贸易结合度是指一定时期内一国（地区）对某一贸易伙伴国（地区）的出口总额占该国出口总额的比，与该贸易伙伴国（地区）进口总额占世界进口总额的比重之比，其比值越大，说明两国贸易的联系越紧密。具体计算方法如下：

$$TCD_{ab} = (X_{ab}/X_a)/(M_b/M_w)$$

其中，TCD_{ab} 表示 a 国或地区对 b 国或地区的贸易结合度，X_{ab} 表示 a 国或地区对 b 国或地区的出口额，X_a 表示 a 国或地区出口总额；M_b 表示 b 国或地区进口总额；M_w 表示世界进口总额。如果 TCD_{ab} 的值大于 1，说明 a、b 两国或地区贸易联系紧密，如果 TCD_{ab} 的值小于 1，说明 a、b 两国或地区贸易联系较为松散。

从表 4 - 17、图 4 - 5 可以看出，中国东北地区与俄罗斯有着密切的联系，除了吉林省与辽宁省个别年度双方的贸易结合度指数小于 1 以外，大多数年份的贸易结合度指数都大于 1。比较各省区与俄罗斯贸易结合度指数可以看出，东北地区与俄罗斯东部地区的贸易合作发展并不均衡。其中，黑龙江省、内蒙古自治区对俄罗斯的贸易结合度指数和俄罗斯对黑龙江省、内蒙古自治区的贸易结合度指数均高于吉林和辽宁两省。纵观黑龙江省与俄罗斯贸易结合度指数的发展趋势，2000~2004年，双向的贸易结合度指数都在上升，说明双方的依赖程度越来越高，2004年开始直到2012年，双方的贸易结合度指数呈下降趋势。究其原因，一方面可能是各自都拓展了同其他区域的合作空间，比如加强了同欧美国家或东北亚地区其他国家的贸易联系；另一方面可能是中国区域内南方的许多城市也加速了同俄罗斯的贸易联系，对黑龙江省与俄罗斯贸易合作形成了替代。2013年以后，国家出台了一系列振兴东北的积极政策，提出了"中蒙俄经济走廊"的建设，推动中国东北地区与俄罗斯东部地区的经济贸易合作，黑龙江省作为中国对俄罗斯贸易的"桥头堡"和"枢纽站"，与俄罗斯贸易的结合度指数又开始回升，内蒙古自治区对俄罗斯的贸易联系日趋紧密。整体上看，吉林省对俄罗斯的贸易结合度指数大于俄罗斯对吉林省的贸易结合度指数，而且波动较大，说明在贸易合作方面，吉林省对俄罗斯的依赖程度大于俄罗斯对吉林省的依赖程度。辽宁省与俄罗斯之间的贸易结合度指数比较平稳，东北三省与俄罗斯之间的贸易结合度的差异可以说明地缘优势在东北地区与俄罗斯之间的贸易合作中占有重要地位，黑龙江省与俄罗斯边境线最长，二者之间的贸易规模和贸易结合度指数都较高，辽宁省是东北地区唯一不与俄罗斯直接接壤的城市，所以辽宁省与俄罗斯的贸易合作在双方经济合作中，并未发挥充分作用。

表4-17　　　　2000~2018年中国东北地区与俄罗斯贸易结合度指数

年份	黑龙江省对俄罗斯	俄罗斯对黑龙江省	吉林省对俄罗斯	俄罗斯对吉林省	辽宁省对俄罗斯	俄罗斯对辽宁省	内蒙古自治区对俄罗斯	俄罗斯对内蒙古自治区
2000	48.20	38.08	1.09	2.74	1.17	1.19	20.95	38.14
2001	58.59	36.23	0.75	2.22	1.11	1.14	22.79	37.28
2002	54.58	36.27	0.82	1.78	1.17	1.34	11.76	39.10
2003	59.07	31.06	0.96	0.55	1.17	1.01	8.03	39.31
2004	57.43	28.06	1.71	0.28	1.11	1.07	4.44	33.56

续表

年份	黑龙江省对俄罗斯	俄罗斯对黑龙江省	吉林省对俄罗斯	俄罗斯对吉林省	辽宁省对俄罗斯	俄罗斯对辽宁省	内蒙古自治区对俄罗斯	俄罗斯对内蒙古自治区
2005	54.84	23.44	1.30	1.57	1.25	1.18	2.77	24.36
2006	40.90	19.95	9.58	0.51	1.46	0.94	3.13	23.76
2007	42.69	20.53	12.03	0.49	1.45	0.92	4.53	23.36
2008	27.29	17.18	8.03	0.34	0.91	1.07	4.41	12.35
2009	21.62	15.93	8.15	0.44	1.24	0.77	5.61	20.85
2010	16.44	13.40	7.52	0.26	1.08	0.88	3.46	17.00
2011	14.07	24.90	0.75	1.33	1.14	0.91	2.63	13.08
2012	19.93	24.68	1.34	1.30	1.06	1.05	3.92	12.00
2013	23.72	26.13	0.77	1.22	0.98	0.99	3.79	11.39
2014	32.23	25.49	1.40	0.84	1.25	0.87	6.28	11.34
2015	25.43	32.18	4.69	0.93	1.59	2.26	9.28	13.96
2016	28.69	37.66	5.62	0.64	1.57	3.27	11.95	17.34
2017	23.20	35.00	6.76	0.61	1.56	2.99	7.91	14.38
2018	21.02	34.64	3.22	2.10	1.86	2.02	5.84	11.45

资料来源：根据表 4-1、表 4-2、表 4-3、表 4-4 数据整理计算。

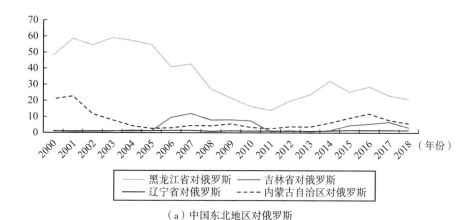

（a）中国东北地区对俄罗斯

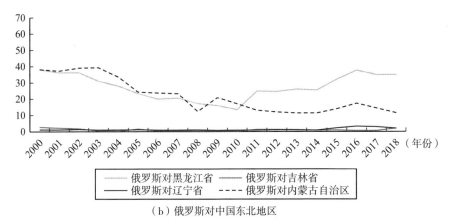

（b）俄罗斯对中国东北地区

图 4 - 5　2000 ~ 2018 年中国东北地区与俄罗斯贸易结合度指数变化

4.3.3　投资规模有限，项目落实滞后

中国是吸引外资最多的国家之一，同时也是资本输出的大国，但可以看出现阶段中俄投资合作规模与水平尚未达到两国政治关系发展水平。[1] 对俄罗斯东部地区的投资规模还很小，始终没有达到两国的预期目标，落后于两国政治合作的高度。俄罗斯《独立报》2020 年 1 月 24 日报道，2020 年俄罗斯吸引外国直接投资额仅为 14 亿美元，与上年 290 亿美元相比，降幅高达 95%。1994 年俄罗斯外资流入创最低水平，其后的 1998 年主权债务违约、2008 ~ 2009 年全球危机、2014 年俄罗斯经济危机时外国直接投资仍居相对高位，分别为 25 亿美元、648 亿美元和 176 亿美元。2020 年区区 14 亿美元仅占俄 GDP 的 0.1%，远低于上年 1.7% 的占比，是自俄罗斯独立以来最低值，因此部分专家称其为零投资。[2]

2009 年两国签署的《中国东北地区同俄罗斯远东及东西伯利亚地区合作规划纲要（2009—2018）》中，共有 200 多个项目，其中涉及俄方的有 89 个

①　Т. Г. 捷琳基耶娃，封安全. 中国对俄远东投资现状与特点 [J]. 西伯利亚研究，2019，46（1）：37 - 41.

②　专家评 2020 年俄吸引外资几近于零 [EB/OL]. http：//www. mofcom. gov. cn/article/tongjiziliao/fuwzn/oymytj/202102/20210203035940. shtml，2021 - 02 - 01.

项目,但是项目落实远远不及预期。在俄罗斯方面需要实施的 89 个项目中,只有部分项目被列入《俄罗斯联邦远东及外贝加尔地区 2013 年以前经济社会发展联邦专项纲要》中,2011 年,涉及俄方的 89 个项目只有 54 个项目被保留。[①] 分析其原因,主要是受金融危机、西方制裁、国际石油价格下降、卢布贬值等多方面因素的影响,俄罗斯国内面临资金不足的困境,所以原本规划落实的项目都没能落实到位;另外国际市场激烈的竞争,尤其是欧盟以及韩国、日本、朝鲜等周边国家对俄罗斯东部市场的争夺,也都会限制中国与俄罗斯在东部地区的投资规模;再者,俄罗斯东部地区自然条件较差,人口稀少,也给在东部地区的开发投资带来了难度。

4.3.4 俄罗斯政策不稳定,双方合作的机制需要进一步完善

完善的合作机制是区域经济合作健康顺利开展的制度保障。中国东北地区与俄罗斯东部地区都属于各自国家发展相对落后的地区,市场经济运行体系尚未完全建立,开展国际区域经济合作的法律制度还需要进一步完善,尚未形成有效的保障协调机制、激励互动机制。两地区经济合作建立在地缘优势和资源禀赋的比较优势基础之上,合作的层次水平较低,以贸易合作为主,金融合作、科技合作虽取得了一定的进展,但是合作的范围相对狭小,金融合作缺乏有效的保障体制,科技合作项目数量有限,在一定程度上限制了产业的发展。中国东北地区与俄罗斯东部地区应该积极建立有效的交流机制、管理机制、利益分配机制,制定长期的合作规划并且细化规划的具体内容,更重要的是建立实施保障机制。

在政策保障方面,俄罗斯在海关、税收等方面的法律法规变动频繁,导致东部地区的远东和西伯利亚联邦区在投资政策、税收政策方面随之调整,让投资者无所适从,给投资者带来巨大的损失。虽然俄罗斯的法律政策不断完善,但是整体来说仍然存在不规范、不透明的情况,导致

---

① 苏斯洛夫 Д В,陈秋杰. 现阶段落实《中国东北地区同俄罗斯远东及东西伯利亚地区合作规划纲要(2009—2018)》问题 [J]. 西伯利亚研究,2013,40(4):8-14.

中方在俄罗斯开展合作的成本高，投资回报率低，甚至是投资收益毫无保障。

4.3.5 服务贸易水平低，滞后于货物贸易

随着我国服务业开放水平的提升，中国的服务贸易发展较快，2009 年的《中国东北地区同俄罗斯远东及东西伯利亚地区合作纲要（2009—2018）》也为中国东北地区与俄罗斯东部地区服务贸易的发展带来了机遇，双方在运输、旅游、金融、教育、劳务等服务贸易方面取得了较大的进步，极大地促进了两地区货物贸易和投资往来。但是整体来看，双方服务贸易的规模有限，合作层次尚待提升。从中俄两国整体来看，2018 年中俄货物贸易达 1070.6 亿美元，服务贸易额为 175.9 亿美元，占双方贸易总额的比重仅为 14.11%，是货物贸易水平的 16.43%。且贸易主要集中在传统产业，在新兴产业方面的发展相对落后，中国东北地区与俄罗斯东部地区应该加强在高新技术领域、信息服务领域、通信领域的合作，带动本国服务业的发展，助力贸易合作、投资合作的升级。

4.4 本章小结

从中国东北地区与俄罗斯东部地区经济合作发展的历程、现状来看，两地区在贸易、投资、产业合作等方面获得了较大的发展，能源开发建设、交通基础设施互联互通、金融服务便利化、农业科技合作等方面成果颇丰。但从整体来看，两地区合作仍然存在合作规模有限、合作水平低、东北各省区与俄罗斯东部地区经济合作水平不均衡、俄方政策不稳定、保障机制不完善、服务贸易发展滞后等问题，经济合作水平落后于政治互信的高度。中国"一带一路"倡议与欧亚经济联盟的对接，与俄罗斯东部"一区一港"建设的对接，给双方合作带来了新的机遇，打造了新的合作格局。中国东北地区作为

我国北向开放的重要窗口，经济合作优势明显、潜力巨大，双方应该加强互信、创新合作方式、深化合作领域、拓展合作空间，切实提升两地区经济合作的水平。本章对中国东北地区与俄罗斯东部地区现状的分析以及问题的提炼，为本书第 7 章提出切实的对策奠定了基础。

中国东北地区与俄罗斯东部地区
经济合作的基础与制约因素

基于前文中国东北地区与俄罗斯东部地区经济合作现状的整体梳理，为能够更加深入剖析两地区经济合作的发展情况以及相关障碍，本章针对中国东北地区与俄罗斯东部地区开展经济合作的基础和制约因素展开全面的研究。通过本章的研究能够为开展两地区经济合作的对策研究奠定重要的理论基础。充分认识并利用两地开展合作的优势，克服并打破合作的制约因素，有利于中国东北地区与俄罗斯东部地区经济合作进一步开展。

5.1 中国东北地区与俄罗斯东部地区经济合作的基础

中国东北地区与俄罗斯东部地区经济合作是

建立在较强的基础条件之上的，两个地区经济合作具有地缘便利、经济互补、政治互信、发展战略趋同以及巨大的外部推动等优势。

5.1.1 地缘优势是两地区合作的首要前提

中国东北地区与俄罗斯东部地区位于东北亚地区的中心位置，是环太平洋地带的重要一环，中国东北地区与俄罗斯东部地区经济合作的产生与发展，有着深刻的历史、经济、科技、国家安全等方面原因，其中地缘因素是两地区开展合作的首要条件。相邻国家之间交通较为便利、民俗相近，合作过程中，资源共享十分便利，人员及物资流动的时间和费用相对较低，所以一国拥有的地缘优势是提升比较优势，增强国际竞争力的重要因素之一。

中国东北地区与俄罗斯东部地区地缘优势明显，两地毗邻地区的边境线长达 3300 公里。俄罗斯东部地区包括西伯利亚和远东两个联邦管区，面积达 1135.29 万平方公里，占俄罗斯总面积的 2/3 左右。中国东北地区包括东北三省和内蒙古东部地区，总面积 145 万平方公里。其中黑龙江省与俄罗斯边境线长达 2891 公里，现有 15 个对俄一类口岸，是我国对俄口岸数量的 70%。吉林省位于东北地区中间地带，东部与俄罗斯相接壤，有 230 多公里的边境线，吉林省珲春市与俄罗斯的波谢特湾距离仅有 4000 米；辽宁省位于东北地区的最南端，与俄罗斯不直接接壤但却是东北地区唯一的沿海地区，辽宁省北部与俄罗斯和内蒙古东部地区邻近，同俄罗斯东部地区贸易有较大的发展潜力。目前，东北地区共有 51 个正式对外开放口岸，占全国沿边口岸的 18%。

相毗邻的地缘优势，为两个地区经济合作的开展提供了便利条件。地缘优势为双方提供了十分便利的交通条件，两个地区拥有众多国家级的沿边口岸，具有密集、便利、优良的海陆空运输通道，四通八达的运输网络避免了双方交易中运输问题的出现，大大降低了运输成本。同时，两个地区相邻，信息传递及时，降低信息失真的程度。中国东北地区与俄罗斯东部地区，依山傍水、口岸相通、运输网络发达，这些天然的便利条件把中国东北地区与俄罗斯东部地区连为一体，构成了两个地区经济合作的首要前提。

5.1.2 互补性需求是两地区开展经济合作的重要基础

5.1.2.1 自然资源和人力资源的互补

瑞典经济学家赫克歇尔和俄林提出的生产要素禀赋理论指出，各国生产要素禀赋上的差异，是国际贸易发生的根本原因。中国东北地区与俄罗斯东部地区经济发展水平不同，资源禀赋不同，资源的互补是两地开展经济合作的重要基础。俄罗斯幅员辽阔，自然资源十分丰富，是世界上的能源大国，石油、天然气以及煤炭等资源储量巨大。可以说，俄罗斯是世界上唯一一个自然资源几乎能自给自足的国家。俄罗斯居世界前列的储量有：已探明的天然气蕴藏量为 480000 亿立方米，占世界探明储量的 21%，居世界第一位；石油探明储量 252 亿吨，占世界探明储量的 5%；煤炭蕴藏量 1570 亿吨，在世界居于第二位；铁矿石蕴藏量居世界第一位，有 650 亿吨，约占世界蕴藏量的 40%；铝蕴藏量 4 亿吨，世界排名第二位；铀蕴藏量约占世界探明储量的 14%；黄金储量 1.42 万吨，居世界第四至第五位；磷灰石占世界探明储量 65%；镍蕴藏量 1740 万吨，占世界探明储量 30%；锡占世界探明储量 30%。非金属矿藏也极为丰富，石棉、石墨、云母、菱镁矿、刚玉、冰洲石、宝石、金刚石的储量及产量都较大，钾盐储量与加拿大并列世界首位。[①]

俄罗斯森林资源、水力资源和渔业资源丰富，森林覆盖面积占国土面积的一半，居于世界首位，木材蓄积量 820 亿立方米。境内有 300 余万条大小河流，280 余万个湖泊，贝加尔湖是世界上蓄水量最大的淡水湖。生物资源总量 2580 多万吨，鱼类为 2300 万吨。近些年来，俄罗斯油气和矿产资源探明的储量每年都有新的增加，更加巩固了其世界第一资源大国的地位。[②]

俄罗斯大部分的自然资源主要集中在西伯利亚和远东地区，这一广阔的地区被称为取之不尽的资源宝库。也正因为这一地区丰富自然资源的优势，

①② 商务部国际贸易经济合作研究院，中国驻俄罗斯大使馆经济商务参赞处，商务部对外投资和经济合作司. 对外投资合作国别（地区）指南——俄罗斯（2018）［EB/OL］. http：//www. gdqy. gov. cn/qysfj/gkmlpt/content/1/1306/post_1306333. html? jump = false#275，2020 - 10 - 10.

才使该地区具有强大的吸引力。西伯利亚地区是俄罗斯的资源宝库，据探测，俄罗斯 65% 探明的石油储量、85% 探明的天然气产量、75% 探明的煤炭储量分布在这一地区，开采的 90% 天然气、70% 的石油和煤炭也出自西伯利亚。[①] 森林覆盖面积达 3.72 亿公顷，木材蓄积量占俄罗斯的 75% 以上，超过 330 亿立方米，矿产资源丰富，汇聚了俄罗斯 85% 的铅和白金、80% 的钼、71% 的镍、69% 的铜、44% 的银、40% 的黄金。另外西伯利亚拥有大量的水力资源，众多的大小湖泊和河流汇集在此，世界上最大的淡水湖——贝加尔湖的淡水储备量，约占全世界淡水储量的 20%，占俄罗斯淡水储量的 80% 以上。西伯利亚还是俄罗斯最大的淡水鱼产区，淡水鱼产量占俄罗斯总产量的 25% 以上。

远东地区也拥有较为丰富的自然资源，对国外的贸易和投资产生了巨大的吸引力。远东石油占全俄罗斯预测石油储量的 6% 和天然气储量的 7%，已探明的煤炭量有 200 亿吨，森林覆盖率超过 40%，森林覆盖面积为 3.16 亿公顷，占全国森林总面积的 37% 以上。远东地区已探明的黄金储量在 2000 吨以上，除此之外还有黄金、白银、铅、锌、铁、钨等矿产资源都很丰富。水力资源开发潜力巨大，但目前开发利用率较低，仅为 3%。同为东部地区的西伯利亚水力资源的开发利用率达到 20%。[②]

中国东北地区历史上曾蕴含着很多重要的资源，首先油气资源在全国占有重要地位，主要分布在大庆油田、辽河油田和吉林油田的石油储量占全国的 1/2，天然气储量是全国的 1/6，油页岩储量占全国的 68%；其次矿产资源种类也较为齐全，东北地区铁矿石储量为 1241.6 亿吨，占全国 25% 的比重。但是在经过大量的开发开采之后，资源已经濒临枯竭，随着人口的增加和经济快速发展，东北地区的资源禀赋性质已发生根本改变，特别是东北三省的煤炭、石油等矿产资源日趋紧张，开始依赖于国外的进口。

由于历史的原因，再加上俄罗斯东部地区经济发展水平和基础设施等因素，导致俄罗斯东部地区人口稀少，人口自然增长率低，而人口迁出率过高，

---

① 郭力. 中俄东部区域合作新空间 [M]. 北京：社会科学文献出版社，2017：168-169.
② 姜振军. 俄罗斯东部地区经济发展研究 [M]. 北京：社会科学文献出版社，2016：3-12.

严重影响了东部人口的增加。与之毗邻的中国，劳动力资源丰富，尤其是东北地区还有大量的劳动力富余，劳动力成本较低，双方开展劳务合作具有优势。另外，俄罗斯东部地区经济发展落后，开发需要投入大量的资金，仅仅依靠俄罗斯自身的力量很难实现。可见，中国东北地区和俄罗斯东部地区这种超强的互补性需求，决定了两国毗邻地区的合作成为必然。

5.1.2.2　产业结构差异带来的产业结构互补

一般认为，一个经济区域应该具有较为完整的经济结构以实现区域内部经济的自身组织和与区域外部的经济联系，并据此来决定在区域经济合作中的分工情况。中国东北地区与俄罗斯东部地区开展的经济合作情况，与两地经济结构的差异性密不可分。纵观中国东北地区产业结构的演进，改革开放前，资源密集型产业结构特征明显，东北地区的经济发展起步较早，清末时期，随着移民大量涌入东北，东北地区开始进行大规模的土地开发，成为具有全国意义的商品粮生产基地，形成了以农产品加工为中心的榨油、面粉和酿酒三大支柱产业。

新中国成立之初，东北重工业基地地位形成，国家从战略发展需要，在东北建设重工业基地。"一五"期间规划的 156 个重大项目，56 个落户在东北，钢铁、机械制造、电力、化工、汽车以及军工等发展也布局在东北。到了 20 世纪 60 年代，东北地区已经拥有了发达的电力工业、冶金工业、机械制造业等，特别是重大装备制造业。但与此同时，东北地区的轻工产业、第三产业相对落后，如表 5-1、图 5-1 所示。改革开放之后，东北地区产业结构有所调整，第一产业明显下降，第三产业明显上升，从工业内部结构来看，以原料工业为主，资源密集型产业居多。目前，东北地区产业结构中第一产业里农业比重仅次于重工业，是我国粮食主要生产区；第二产业内部，重工业占绝对优势，采掘、原料工业具有一定优势，轻工业比重较小。如黑龙江省的工业以资源型为主，包括石油和天然气的开采加工等；吉林省的交通运输设备制造业较为发达，在铁路运输设备和农业机械设备两个重要产业上具有独特的优势；辽宁省工业内部均衡发展，支柱产业包括石油加工、炼焦、核燃料加工、黑色金属冶炼等冶金工业，高新技术产业优势明显，软件产业和电子信息产品制造业发展迅猛。内蒙古自治区，资源加工型工业优势显著，在黑色金属冶炼、电力热力生产、煤炭开采、食品制造等产业具有相对优势。第三产业发展相对滞后，生产性服务业与制造业结合不够紧密。

表 5 – 1　　　　　1980～2019 年东北地区与全国产业结构　　　　单位：%

地区	年份	三大产业占 GDP 比重			地区	年份	三大产业占 GDP 比重		
		第一产业	第二产业	第三产业			第一产业	第二产业	第三产业
黑龙江	1980	25.00	59.70	15.70	内蒙古	1980	26.40	47.20	26.40
	1990	22.40	50.70	26.90		1990	35.30	32.10	32.60
	2000	10.97	57.44	31.58		2000	25.04	39.71	35.26
	2010	12.57	50.19	37.24		2010	9.38	54.56	36.06
	2015	17.46	31.81	50.73		2015	9.07	50.48	40.45
	2019	23.38	26.56	50.06		2019	10.82	39.62	49.56
吉林	1980	27.60	53.00	19.40	东北地区	1980	21.96	60.68	17.12
	1990	29.40	42.80	27.80		1990	22.46	47.10	30.40
	2000	21.89	43.94	34.16		2000	14.45	49.98	35.58
	2010	12.12	51.99	35.89		2010	10.33	52.99	36.67
	2015	11.35	49.82	38.83		2015	10.88	44.74	44.38
	2019	10.98	35.26	53.76		2019	12.62	35.72	51.66
辽宁	1980	16.40	68.40	15.20	全国	1980	26.40	47.20	26.40
	1990	15.90	50.90	33.20		1990	35.30	32.10	32.60
	2000	10.78	50.21	39.01		2000	14.70	45.50	39.80
	2010	8.84	54.05	37.11		2010	14.70	45.50	39.80
	2015	8.32	45.49	46.19		2015	8.40	40.80	50.80
	2019	8.74	38.26	52.99		2019	7.10	39.00	53.90

资料来源：根据历年《中国统计年鉴》计算。

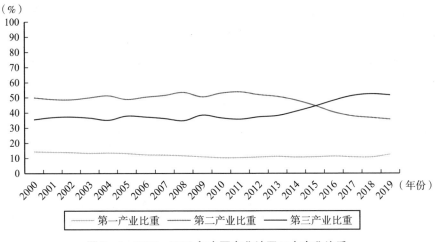

图 5 - 1　2000～2019 年中国东北地区三大产业比重

二战后俄罗斯东部地区的煤炭、机器制造业和交通运输业恢复并发展，实施的是高度发展重工业的战略。20 世纪 50 年代开始，俄罗斯东部地区大力开发水资源、森林资源，木材加工也有发展，60 年代成为全国能源燃料动力工业基地、金属冶炼和机器制造基地、石油化工工业基地和木材加工工业基地，其中石油化工建设处于领先地位。2000 年以来，经济结构调整进程十分缓慢，农业和以农业为基础的食品工业及轻工业明显处于落后状态。俄罗斯东部地区有东方港、符拉迪沃斯托克港、纳霍德卡港等，这些港口使俄罗斯东部获得了与亚太地区国家建立经济联系的良好机会。此外，东部地区运输方式多样，不仅有铁路、公路、海运、航空等传统运输，还有冬季冰上汽车运输、轮渡运输、气垫船运输、直升机运输、陆海联合运输等，但是金融业和旅店餐饮业方面在第三产业里较为落后。

根据比较优势理论的解释，一国参与国际分工的基础是生产技术的相对差异，一国集中生产具有比较优势的产品并出口，进口具有相对劣势的产品，两个国家都可获益。从中国东北地区与俄罗斯东部地区进出口商品贸易结构来看，俄罗斯东部地区出口到中国东北的商品主要是矿物产品，这与普京总统所倡导的"能源经济"密切相关；而中国东北地区向俄罗斯东部地区的出口主要集中在机械产品、轻工产品、纺织品和原材料，由此可以看出两地区经济合作的领域具有很强的互补性。中国东北地区与俄罗斯东部地区产业结构之间的互补性是两国积极互动的基础。

5.1.2.3 科学技术的互补性

俄罗斯东部地区，除了自然资源非常丰富以外，科技力量也十分雄厚。苏联解体后，俄罗斯经济短暂衰退，为了应对衰退提升科技实力，国家重视基础研究领域的开发。俄罗斯研究院西伯利亚分院在物理、化学、生物、数学等基础研究领域取得了诸多成绩；在核能领域，俄罗斯的科技水平也是居于世界前列，俄罗斯是世界上最早研究核聚变和开发核反应堆的国家之一；西伯利亚分院研制的特种激光技术具有世界先进水平，可以广泛用于航天航空、机械制造、医学及军工领域；在军工、航天技术领域成绩斐然，西伯利亚航空研究院是俄罗斯东部最大的航空科学研究中心。此外，在新能源、生物工程、信息技术、环保技术等高新技术领域也具有世界领先优势。

新西伯利亚高科技区是俄罗斯的综合性科技基地，其科研水平在俄罗斯国内仅次于莫斯科，位居全国第二位。俄罗斯所拥有的这些科技领先优势，是其经济发展并持续增长的有效保障。我国东北老工业基地全面振兴、全方位振兴，一个很重要的任务就是提高核心技术自主创新能力，利用高新技术改造传统产业，推动产业结构的优化与升级，在这些方面可与俄东部地区开展技术合作。

中国东北地区与俄罗斯东部地区毗邻，具有开展经济合作和科技合作的地域优势，两地区在经济基础和科技发展历程上的差异，造成了双方在科技领域的互补性，开展合作的潜力巨大。

5.1.3 发展理念契合是两地区开展经济合作的强大动力

俄罗斯幅员辽阔，国土面积 1709.82 万平方公里，横跨欧亚大陆，是世界上国土最辽阔的国家。但俄罗斯也是一个典型的区域发展不平衡国家，东西部之间的经济发展水平、社会发展水平差异明显，东部地区长期处于经济发展滞后、人民生活水平低下的状况。俄罗斯联邦政府急需制定相应的东部开发战略，刺激东部经济的发展，如表5-2所示。独立后的俄罗斯联邦政府非常重视东部地区的开发与发展，大力推进经济发展战略东移计划，在不同的时期提出了一系列重要规划和具体部署。

表5-2 俄罗斯东部地区区域发展战略一览

标志性事件和战略	时间	意义
《1996—2005年远东和外贝加尔地区经济与社会发展联邦专项纲要》	1996年4月	标志东部大开发战略开始
《1996年至2005年及2010年前远东和外贝加尔地区社会经济发展联邦专项纲要》	2002年3月	全面规划东部大开发战略
《西伯利亚经济发展战略》	2002年3月	提出要注重俄罗斯与中国及东北亚区域的经济合作
《俄罗斯2020年前能源发展战略》	2003年5月	明确俄罗斯能源发展的"东部方向"
《2013年前远东及外贝加尔地区经济社会发展纲要》	2007年11月	考虑地缘战略利益和保障俄联邦安全，建立基础设施
《2025年前远东和贝加尔地区经济社会发展战略》	2009年12月	中俄地区发展战略形成共识
《西伯利亚地区2020年前经济社会发展战略》	2010年5月	建立面向亚太地区国家的出口基础设施
俄罗斯成立远东发展部	2012年5月	专门机构负责协调国家计划和联邦目标计划的实施情况
《俄罗斯社会经济超前发展区联邦法》	2014年12月	规定了建设基础设施的资金保障、管理和海关监管、市政监管等方法
在远东设立跨越式开发区方案通过	2014年12月	提出在远东设立14个跨越式开发区，政府提供在税收减免、土地、基础设施建设等方面最优惠的条件
《俄罗斯联邦符拉迪沃斯托克自由港法》	2015年7月	签署设立俄罗斯符拉迪沃斯托克自由港

续表

标志性事件和战略	时间	意义
《俄罗斯远东地区土地免费配发法案》	2016 年 5 月	俄罗斯公民可在远东联邦区一次性无偿获得不超过 1 公顷的 5 年土地使用权
俄罗斯远东发展部更名为远东和北极发展部	2019 年 2 月	赋予了该机构制定北极发展政策并进行法律监管的新职能

资料来源：笔者整理（2021）。

中国东北地区在新中国成立初期，为国家经济发展作出了巨大贡献，是重要的工业与农业基地。随着改革开放的不断深入，东南沿海地区快速发展，东北地区的经济发展水平与东部地区的差距日趋明显，国家亟待拉动东北经济的发展，缩小经济发展不平衡的差距。如表 5 - 3 所示，2003 年开始，中国政府出台东北振兴战略，高度重视东北地区经济的发展。

表 5 - 3　　　　　　　　中国东北地区区域发展战略一览

标志性事件和战略	时间	意义
中共十六大报告首次提出"振兴东北老工业基地"	2002 年 11 月	支持东北地区等老工业基地加快调整和改造
《关于实施东北地区等老工业基地振兴战略的若干意见》	2003 年 10 月	标志着东北老工业基地振兴战略正式开始实施
《东北地区振兴规划》	2007 年 8 月	进一步明确东北老工业基地振兴的战略目标
《黑龙江省老工业基地振兴总体规划》	2004 年 3 月	省区振兴规划，促进振兴，加快发展
《振兴吉林老工业基地的规划纲要》	2004 年 3 月	省区振兴规划，改造提升传统产业
《辽宁省老工业基地振兴规划》	2004 年 2 月	省区振兴规划，全面推进工业结构优化升级

续表

标志性事件和战略	时间	意义
《东北地区电力工业中长期发展规划》	2005 年 4 月	落实开发内蒙古东部煤电基地，实施"西电东送"战略
《辽宁沿海经济带开发建设规划》	2009 年 7 月	发挥沿海区域的区位和资源优势
《关于进一步实施东北地区等老工业基地振兴战略的若干意见》	2009 年 9 月	支持中俄地区合作规划项目实施
《东北振兴"十二五"规划》	2012 年 3 月	注重转型，产业结构优化升级，对内对外开放
《关于近期支持东北振兴若干重大政策举措的意见》	2014 年 8 月	突破难题，依靠内生发展推动东北经济提质增效升级
《关于全面振兴东北地区等老工业基地的若干意见》	2015 年 12 月	启动一批可以增强发展后劲的重大基础设施项目
《中共中央国务院关于全面振兴东北地区等老工业基地的若干意见》	2016 年 4 月	全面深化改革，解决目前困境
《推进东北地区等老工业基地振兴三年滚动实施方案（2018 年)》	2016 年 8 月	明确了 137 项重点工作和 127 项重大项目
《关于深入推进实施新一轮东北振兴战略加快推动东北地区经济企稳向好若干重要举措的意见》	2016 年 11 月	以全面深化改革创新，提升东北老工业基地的发展活力
中国（辽宁）自由贸易试验区成立	2017 年 3 月	引领东北地区转变经济发展方式、提高经济发展质量和水平
中国（黑龙江）自由贸易试验区成立	2019 年 8 月	我国最北贸易试验区片区的建设正式启动
《内蒙古自治区推进贸易高质量发展行动计划（2020—2022 年)》	2020 年 12 月	增强贸易创新能力和发展动力，培育贸易新业态、新模式

资料来源：笔者整理（2021）。

两国在长期的发展过程中均积累了一些问题，对内需要地区产业结构升级转型，对外则需要扩大开放利用国际资源助推区域经济的发展，缩小区域经济发展差距，我国东北振兴战略同俄罗斯东部大开发战略的发展理念存在高度契合性，为两地区跨境经济合作提供了源源不断的动力。双方强调"将俄罗斯东部大开发与中国东北振兴结合起来"。2009 年，中俄通过《中国东北地区同俄罗斯远东及东西伯利亚地区合作纲要（2009—2018）》，决定共同构建大交通、大市场格局，推动毗邻地区基础设施建设、经济技术、科技、人文环保等多领域合作，标志着中俄两国区域性合作进入了一个全新的实质性操作阶段。2018 年，《中俄在俄罗斯远东地区合作发展规划（2018—2024年）》正式获批，细化了具体的合作项目，完善协调机制，推进两国和企业合作，引导中国企业去俄罗斯远东地区投资。中俄两国合作进入全新发展阶段。2019 年 6 月，中俄两国元首发表《中俄关于发展新时代全面战略协作伙伴关系的联合声明》，指出双方开展"政治合作、安全合作、务实合作、人文交流、国际协作"等多角度的合作，赋予了两国关系的新定位和新方向。

5.1.4　区域外经济合作是推进两地区经济发展的外部动力

5.1.4.1　"一带一路"倡议与欧亚经济联盟的对接

在"一带一路"构建的开放格局中，东北地区是向北对外开放的前沿和重要窗口，主要是针对俄罗斯东部地区开展基础设施建设和推动互联互通，即"完善黑龙江对俄铁路通道和区域铁路网，以及黑龙江、吉林、辽宁与俄远东地区陆海联运合作，推进构建北京—莫斯科欧亚高速运输走廊，建设向北开放的重要窗口①。2016 年《关于全面振兴东北地区等老工业基地的若干意见》明确指出"努力将东北地区打造成为我国向北开放的重要窗口和东北亚地区合作的中心枢纽"。"加强东北振兴与俄远东开发战略衔接，深化毗邻

---

① 推动共建丝绸之路经济带和 21 世纪海上丝绸之路的愿景与行动［EB/OL］. http：//www. fao？bserver. com/NewsInfo. aspx？ id = 11094，2015 - 03 - 28.

地区合作。"① "一带一路"建设把中国东北地区同俄罗斯东部地区紧紧联系起来，形成了两地区经济快速向前发展的强大动力。

2015年5月8日，中俄两国领导人在莫斯科签署了《中俄关于丝绸之路经济带建设与欧亚经济联盟建设对接合作的联合声明》，声明表示两国将一同推进"丝绸之路经济带"建设同"欧亚经济联盟"建设的对接，将扩大贸易和增加国际投资作为优先发展方向，提高贸易便利化、投资便利化水平，建立自由贸易区，搭建产业园区和跨境经济合作。"一带一路"建设和"欧亚经济联盟"的对接，为中国东北地区与俄罗斯东部地区的经济合作提供了全新的合作平台，有助于加强两个地区在高科技、交通运输以及基础设施领域开展更加广泛的合作，进而促进东北振兴战略与东部大开发战略的顺利实施。

5.1.4.2 "中蒙俄经济走廊"建设是推动中俄地方经济合作重要抓手

《推动共建丝绸之路经济带和21世纪海上丝绸之路的愿景与行动》提出建设六大经济走廊，其中"中蒙俄经济走廊"是实现"一带一路"倡议的重要节点之一。中蒙俄三国地理位置相近，自然资源和经济发展水平有较高的互补性，发展战略高度契合，打造"中蒙俄经济走廊"，深化三国的合作，符合三国共同的利益。中蒙俄经济走廊包括两条线路：一条连接着中国华北的京津冀，以天津港口为起点，经二连浩特、乌兰巴托至伊尔库茨克，最后沿西伯利亚大铁路至欧洲；另一条为东北通道，连接着中国东北地区的多个城市和俄罗斯，以大连港为起点，经过哈尔滨、满洲里、赤塔，最后沿西伯利亚大铁路至欧洲，两条通道互动互补，形成一个全新的开放经济带，被称为"中蒙俄经济走廊"。

2016年，国家发展改革委公布《建设中蒙俄经济走廊规划纲要》，提出强化交通基础设施建设、加强口岸建设和提升海关监管水平、推进产能和投资合作、扩大经贸合作、生态环保合作、推动地方合作以及边境地区合作。

---

① 中共中央国务院关于全面振兴东北地区等老工业基地的若干意见［EB/OL］. http：//dbzxs. ndrc. gov. cn/zywj/201604/t20160427_799860. html，2020 - 04 - 06.

在中蒙俄三国的推进下，取得了丰硕的成果。例如同江跨境铁路大桥的合作、中俄集装箱国际联运班列的增开、"冰上丝绸之路"的共建、"滨海 1 号"和"滨海 2 号"国际交通运输走廊的建设以及中俄原油和天然气管道的建设，此外中俄跨境贸易本币结算业务和防范金融风险等金融合作也稳步推进。黑龙江省于 2017 年提出积极参与"中蒙俄经济走廊建设"，与俄罗斯东部地区对接合作，建设黑龙江自由贸易区、跨境经济合作示范区、沿边重点开放试验区、打造面向欧亚物流枢纽区等；辽宁省 2018 年通过了《辽宁"一带一路"综合试验区建设总体方案》，提出融入"中蒙俄经济走廊"，构建"东部延边开发开放带""辽宁沿海经济带"的设想；① 吉林省 2019 年公布《沿中蒙俄开发开放经济带发展规划（2018—2025 年）》，规划将吉林省打造成为俄罗斯、蒙古及东北亚开放合作的重要平台，全面加强与俄蒙政策沟通、扎实推进基础设施互联互通，积极参与"冰上丝绸之路"建设、推动扩大与俄蒙贸易规模、提升对俄蒙投资合作水平、抓好招商引资工作、加强与俄蒙人文交流合作等。

"中蒙俄经济走廊"的建设有效提高了三国经贸合作的水平，搭建了多元开放的合作平台。对于中俄两国来讲，"中蒙俄经济走廊"的意义在于推动两国地方性合作，开拓了两国经济合作的空间，是深化中俄全面战略协作伙伴关系的重要组成部分。

5.1.4.3 "冰上丝绸之路"建设拓展中俄经济合作的空间

2005 年，俄罗斯总统普京首次提出北方海航道的合作倡议，同年，俄罗斯总理梅德韦杰夫邀请中国参与北方海航道的开发利用合作。2017 年，我国发布《"一带一路"建设海上合作设想》，指出积极推动建设经北冰洋连接欧洲的蓝色经济通道。②

中俄共建"冰上丝绸之路"，是推动中俄多领域合作的又一助力。"冰上

---

① 朴键一. "中蒙俄经济走廊"建设的主要特点和存在问题分析［J］. 东北亚学刊，2020（6）：17 - 30，145.

② "一带一路"建设海上合作设想［EB/OL］. http：//www.xinhuanet.com/politics/2017 - 06/20/c_1121176743.htm，2017 - 06 - 20.

丝绸之路"是一条横跨北极圈的海上航线，包括加拿大沿岸的西北航道和俄罗斯北部沿海的东北航道，其中东北航道被俄罗斯称为"北方海航道"，它从俄罗斯北部海岸向东途经北冰洋的巴伦支海、喀拉海、拉普捷夫海、东西伯利亚海、楚科奇海和白令海峡，最终到达符拉迪沃斯托克港和我国沿海的各港口，缩短了航程，大大节约了运输成本。另外，中国东北地区借助跨境产业园等区域经济合作平台，与俄罗斯等沿线国家在农业、能源、技术、新产业等领域积极开展合作。开始构建了中国东北地区与俄罗斯合作的新格局。"冰上丝绸之路"和"滨海1号""滨海2号"国际交通走廊有效对接，进一步促进了中国东北地区与俄罗斯东部地区的经济合作，为中俄毗邻地区经济合作带来了新的推动力，合作空间扩大了。目前，两国共建"冰上丝绸之路"的最代表性的成果是亚马尔液化天然气项目合作，2017年底投产建设第一期生产线，2018年7月已通过北极航道的运输交付第一批液化天然气。亚马尔项目已经建设大量的基础设施，如机场、装载码头、运货码头等，在"一带一路"倡议框架下中俄之间将开展更加丰富而有成效的合作。

5.2　中国东北地区与俄罗斯东部地区经济合作的制约因素

如前所述，中国东北地区与俄罗斯东部地区地缘优势突出、经济和资源互补性明显、两国发展战略契合，具备了开展区域经济合作的比较优势。但是目前两地的合作潜力尚未充分发掘出来，区域经济合作的水平远远落后于政治高度互信的程度，两地区域经济合作始终存在一些制约因素，其中有历史的原因也有现实的问题，有客观的存在也有主观的认知，有政治的障碍也有经济和文化方面的阻力。

5.2.1 "边缘地域"导致两地区经济合作困难重重

5.2.1.1 俄罗斯东部地区"边缘性"是抑制发展的主要制约因素

5.2.1.1.1 自然条件恶劣

俄罗斯是世界上第一领土大国，横跨欧亚大陆，东西最长 9000 公里，南北最长 4000 公里，包括远东和西伯利亚的俄罗斯东部地区位于东部边疆地区，距离俄罗斯的欧洲经济中心遥远，地理位置上的孤立与恶劣的自然环境是抑制俄罗斯东部地区发展的主要制约因素。

东部地区虽然拥有漫长的海岸线，但是北部和东部沿海地带均位于极寒地区，冬季寒冷且持续时间长，长达 9 个月，远东联邦管区萨哈（雅库特）共和国的奥伊米亚康有"寒极"之称，最低温度可达零下 71℃。大部分地区为永久冻土层，恶劣的自然条件给东部地区开展经济活动带来了阻力，冬长夏短，植物生长期短，农作物的日照时间不足，土壤普遍贫瘠，适宜农业种植的耕地面积有限；南部地区雨季较为集中，河流容易出现泛滥的情况；北部地区分布在地震带上，该地区还经常爆发地震。种种恶劣的自然条件限制了俄罗斯东部地区大开发的进程，也限制了中国东北地区与俄罗斯东部地区经济合作开展的效果。

5.2.1.1.2 交通基础设施落后

交通基础设施优良是一个地区经济社会繁荣发展的重要保障，俄罗斯东部地区拥有丰富的自然资源和巨大的发展潜力，但是该地区面积广阔、资源分散。虽然各种类型的运输都获得了不同程度的发展，但是目前交通基础设施的水平还无法与经济社会发展的要求相匹配。公路运输并不发达，分布面狭窄，季节和气候对路面影响极大，西伯利亚只有 87% 的公路为硬路面，其余都是土路，只有 22% 的公路里程符合标准要求，12.5% 的公路不能全年通行，因此导致 20% 的居民点无法正常与外界保持运输通畅；西伯利亚联邦区的主要运输方式是铁路，80% 的货运量是通过铁路完成的，主要的铁路干线仅有两条：西伯利亚大铁路和贝加尔湖—阿穆尔河铁路，但各区运输能力不平衡，西线年货运量可达一亿吨以上，东线只有 2500万~4000 万吨，且两条铁路年久失修设施老化，运力不足。苏联时期，远东地区主要是作为国家军事基地存在，主要发展军工产业，与俄罗斯其他地区比较而言，远东地区交通基础设施落后，公路状况较差，分布不均衡，主要分布在远东地区的南部。铁路运输方面，作为俄罗斯最大的联邦管区，远东地区占全俄罗斯领土总面积的 40.9%，但是铁路运营长度大概仅占俄罗斯铁路沿线的 13.8%。[①] 长期以来，远东地区主要以海洋运输为主，但是港口的基础设施陈旧，港口设备急需完善。远东地区东部平均气温低，一年绝大多数时间都是冰冻期，是俄罗斯联邦最冷的地区，有一部分港口在冬季无法开航，造成俄罗斯在远东可利用的港口限制在日本海沿岸，目前在俄罗斯北极开发航道时，技术条件仍然不能完全克服地理位置和气候带来的限制。

5.2.1.2 中国东北地区在全国的对外开放中相对滞后

中国东北地区由于自然和历史的原因，其产业发展和经济结构主要是进口替代型而不是出口导向型。改革开放之后，对外开放的重点主要集中在东南沿海地区，东北地区特别是内陆地区并没有实现同步开放。20 世纪 90 年代以后，东南沿海地区实现率先发展，东北地区经济发展出现困难，2014 年下半年以来出现"断崖式下降"。经济发展落后很难获得更多跨国公司大量资金和先进技术的投入。加之东北地区对外开放主要面对东北亚地区，这一地区复杂的外部环境和不稳定的政治因素等，都在一定程度上影响了中国东北地区与俄罗斯东部地区合作的效果。

---

① Соловова Е. М., Пономарев С. В. Экономические проблемы ДВФО. Транспортная инфраструктура Дальнего Востока [J/OL]. https：//moluch. ru/archive/155/43785，2020－06－12.

5.2.2 俄罗斯东部地区人口稀薄导致两地区经济合作空间有限

5.2.2.1 人口稀薄制约生产能力

从 20 世纪 90 年代开始,俄罗斯人口开始出现负增长。根据俄罗斯联邦统计局的数据,截至 2019 年 10 月 1 日,俄罗斯人口总数约为 1.467 亿,平均每平方公里不足 9 人。俄罗斯东部地区受地理位置和自然条件的限制,越来越少的人口数量是遏制俄罗斯东部地区开发最严峻的问题之一。近年来,西伯利亚联邦区总人口呈不断下降趋势。2013 年约为 1928 万人,2019 年人口总数下降为 1717.8 万人,平均每平方公里 4 人。人口密度最低的克拉斯诺亚尔斯克边疆区,平均每平方公里仅 1.2 人。西伯利亚地区人口结构也不均衡,最严重的问题就是技术熟练人才较为缺乏,随着俄罗斯东部地区的逐步开发,制造业比例将会增加,现有的劳动力层次不能满足发展的需求。

远东地区总面积达 699.12 万平方公里,占全俄总面积的 41%,2015 年底,人口仅为 621.1 万人,鉴于人口形势的严峻,2016 年后远东地区调整开发思路,重视提高远东地区居民的生活水平,以减少人口流失。2019 年,远东人口出现回升,达到 829.67 万人。即使如此,平均每平方公里仍不足 1.2 人。与此同时,人口流失现象存在,首先流失的就是具有专业技术的人才,导致整个东部地区劳动力的整体素质在下降,劳动力市场上难以找到足够数量的高质量的劳动力。

目前,俄罗斯东部地区交通运输业、通信业,制造业建筑部门以及零售部门对劳动力需求增长快速。为此,俄罗斯积极鼓励吸引国外移民来解决本地人口问题,陆续有来自朝鲜、中亚等国家的移民前往俄罗斯,但是这些外来劳动力多数只能在低端岗位就职,增加人口总量和提高人口素质是俄罗斯落实东部战略的主要障碍。

5.2.2.2 市场容量有限,经济规模难以形成

俄罗斯东部地区人口稀少,市场容量有限,导致边境贸易规模小,规模

经济难以形成。边境贸易具有民间贸易的色彩，与居民的生活息息相关。由于俄罗斯东部地区的食品工业、轻工业等很不发达，所以与俄罗斯东部地区毗邻的中国东北地区在日用消费品、食品、农产品、轻工产品等方面具有相对优势，俄罗斯东部地区居民所需的生活用品大多都是来源于中俄之间的边境贸易。俄罗斯游客在互市贸易市场采购的商品有玩具、服装、鞋帽以及日用小百货。由于俄罗斯东部地区人口稀薄，边境贸易的规模非常有限，而且贸易结构比较单一。以黑龙江省为例，黑龙江省与俄罗斯边境线最长，2010年黑龙江省边境小额贸易50.18亿美元，占黑龙江对外贸易总额的19.68%，2011年下降为16.74%，2012年达到最高比重20.67%，到了2017年，边境小额贸易下降为31.09亿美元，仅占黑龙江省对俄贸易总额的16.41%，如表5-4所示。如果俄罗斯东部地区人口不能大量增加，毗邻地区的边境活动空间将会非常有限。再加上卢布贬值，俄罗斯东部居民的购买力也是大幅度下降，直接限制了中国东北地区出口数量的增加。

表5-4　　　　　　　　2011~2017年黑龙江边境小额贸易情况

项目	2011年	2012年	2013年	2014年	2015年	2016年	2017年
黑龙江边境小额贸易规模（亿美元）	64.46	78.17	78.86	73.35	34.86	26.53	31.09
黑龙江对俄贸易总额（亿美元）	189.90	211.30	223.70	232.80	108.50	91.90	109.90
黑龙江边境贸易占黑龙江对俄贸易金额比重（%）	33.94	36.99	35.25	31.51	32.13	28.87	28.29
黑龙江贸易总额（亿美元）	385.10	378.20	388.80	389.00	209.90	165.40	189.40
黑龙江边境贸易占黑龙江贸易金额比重（%）	16.74	20.67	20.28	18.86	16.61	16.04	16.41

资料来源：根据历年《黑龙江统计年鉴》整理计算。

5.2.3 经济发展相对落后抑制两地区经济合作的深度与层次

5.2.3.1 产业结构失衡，高新技术产业比重偏低

俄罗斯东部地区产业结构单一，产业结构失衡的问题长期以来一直存在。苏联时期俄罗斯东部地区作为全国原料和能源的供应地，其产业结构呈现出"原料化"特征。远东地区作为国家军事前沿阵地，主要产业包括采矿业、渔业、木材加工业和军事工业等；西伯利亚渐渐发展成为俄罗斯的石油工业基地、煤炭基地，整体上东部地区产业结构单一，重工业、军工事业比较发达，而轻工业、农业、第三产业相对滞后，长期的产业结构不协调，很难高效地吸收劳动力，导致东部地区劳动力大量流失，尤其是一些掌握现代技能的高素质人才流失严重，尽管东部地区资源丰富，经济还是不能快速发展实现腾飞。

5.2.3.2 市场机制不健全，投资环境不尽如人意

俄罗斯在加快东部地区发展中，对于交通基础设施、通信设施、电力供应等硬件设施建设加大了投资力度，但是对于投资软环境的建设投入较少，投资软环境尚未得到根本改变，外资进入的风险仍然很高。政府服务方面，俄罗斯联邦政府干预较多，地方政府法规不健全，行政程序复杂，效率低下，项目审批时间过长；引进劳务程序烦琐，除了要通过所在州以及边疆区的审批外，还要受到俄罗斯联邦政府移民局审批的限制；东部地区对外资企业的调查机构过多，行政收费高，办理时间长，也降低了投资者们的投资愿望。另外，金融机构大多分布在以俄罗斯西部为主的大中城市，东部地区的金融发展水平远远低于俄罗斯的欧洲地区，这些都阻碍了东部经济的可持续发展，限制了东部地区对外合作的空间。

5.2.4 外部激烈竞争弱化了两地区经济合作的需求

在地理位置上，俄罗斯东部地区靠近亚太地区。除了中国以外，这里还汇集了美国、日本、韩国、朝鲜等国家。周边的日本、韩国在能源方面也是极度依赖进口，各国为了自身的利益加剧了东北亚地区对俄罗斯能源进口的激烈竞争。在俄罗斯东部油气资源的争夺上，中日两国的竞争尤为明显，最明显的表现就是在输油管线的修建方面，1994 年俄罗斯首先提出修建安加尔斯克到中国大庆的输油管线，但是受到日本政府的干涉，日本政府以撤回投资为资本，威胁俄罗斯承诺将这条长距离的输油管道必须首先抵达太平洋沿岸的纳霍德卡，之后俄罗斯才可以修建到中国大庆的支线。最终使得俄罗斯放弃了安大管线的修建，对该管线的可行性分析花费了巨大的人财物力，产生巨大的损失。① 能源领域也是俄韩之间合作的重点，印俄之间的能源合作也对中俄之间的能源合作带来了冲击。

从一般商品贸易来看，比较中日韩三国与俄罗斯东部地区的经济合作，可以看出，三国在商品进出口方面也存在广泛竞争关系。对俄罗斯东部地区出口方面，中国和韩国的出口商品结构具有一定的相似性，在日用消费品、化工产品方面，对俄出口竞争激烈；日本对俄罗斯东部出口的商品档次高于中国，在机械设备和运输工具方面出口的比重高于中国，在俄罗斯资本密集型产品的进口市场上占有更大的份额。由此可见，在中国东北地区与俄罗斯东部地区经济合作中，中日韩三国的竞争性影响着两地经济合作的深入开展。

5.3 本 章 小 结

结合第 4 章中国东北地区与俄罗斯东部地区经济合作现状和存在的主要问题，本章阐述了两地区开展经济合作必然性，并针对双方合作中存在的主

---

① 中日俄角力远东能源计划［N］. 北京青年报，2003 - 02 - 16（A16）.

要问题，全面分析原因，主要结论如下：

（1）中国东北地区与俄罗斯东部地区经济合作拥有充分的基础与发展机遇。地缘优势是两地区合作的首要前提；互补性需求是两地区开展经济合作的重要基础，发展理念契合是两地区开展经济合作的强大动力；区域外经济合作是推进两地区经济发展的外部动力，"一带一路"倡议与欧亚经济联盟的对接、"中蒙俄经济走廊"建设、"冰上丝绸之路"建设为双方合作带来了新的发展机遇。

（2）中俄两地的合作潜力尚未充分发掘出来，区域经济合作的水平远远落后于政治高度互信的程度，两地区域经济合作始终存在一些制约因素：两地区"边缘地域"导致两地区经济合作困难重重；俄罗斯东部地区人口稀薄导致两地区经济合作空间有限；双方经济发展相对落后抑制两地区经济合作的深度与层次；外部激烈竞争弱化了两地区经济合作的需求。这些不利因素，在一定程度上限制了两地区经济合作的深度与广度。

双方应该充分利用比较优势，加强全方位的合作，突破贸易阻力，提升经济合作的水平，促进解决各自国家内部区域经济发展不平衡的问题。

第 6 章

主要国家次区域经济合作的比较与借鉴

在经济全球化和区域经济一体化的推动下，跨国次区域经济合作不断发展，地位越来越重要，其合作范围已经从最初的简单贸易合作上升为涵盖贸易合作、投资合作、技术合作等多领域的全方位合作。目前国际上比较有代表性的次区域经济合作有：大湄公河次区域合作、"新—柔—廖成长三角"合作、上莱茵边境区合作、美墨边境区合作。本书对上述次区域经济合作进行梳理，并对各次区域合作的特点进行提炼，为后续提出科学可行的对策建议提供借鉴。

6.1 大湄公河次区域经济合作

6.1.1 大湄公河次区域经济合作历程

1992 年，亚洲开发银行发起大湄公河次区域经济合作（简称为 GMS），成员国包括澜沧江—湄公河沿岸的 6 个国家：中国、缅甸、老挝、泰国、柬埔寨和越南，该区域经济合作旨在通过各成员国间的经济往来，推动区域经济发展和社会进步。澜沧江—湄公河全长 4880 公里，在中国境内这段被称为澜沧江，中国境外段被称为湄公。该区域气候类型多样，地理特征鲜明，水资源、生物资源和矿产资源蕴藏丰富，经济潜能和开发潜力巨大。① 截至 2021 年 2 月，大湄公河次区域经济合作共召开 24 届部长级会议和 6 次领导人会议，分析大湄公河次区域经济合作近 30 年的合作历程，有助于推动该区域进一步发展以及为其他次区域经济合作的开展提供借鉴。大湄公河次区域经济合作的历程如表 6－1 所示。

表 6－1 　　　　　　　　　　大湄公河次区域经济合作的历程

阶段	年份	议题及成果
营造互信与建立框架阶段	1955	联合国亚洲及远东经济委员会通过"湄公计划"，湄公河开发进入可行性研究阶段
	1957	四国建立"下湄公河流域调查委员会"，开始制定计划
	1992	亚行倡议下，六国召开澜沧江—湄公河次区域经济合作会议，构建"大湄公河次区域合作机制"
	1993	泰国提出四国毗邻地区的"黄金四角计划"，建设中国西南通向中南半岛的陆上通道和经济走廊
	1995	泰、柬、老、越四国共同签订"湄公河流域可持续发展合作协定"，成立新的湄公河委员会
	1996	东盟—湄公河流域开发合作第一次部长级会议召开，东盟正式参与大湄公河次区域合作
	1996	提出"云南省参与澜沧江—湄公河合作规划纲要"，中国云南与东南亚国家间的次区域经济合作正式建立

① 大湄公河次区域经济合作 ［EB/OL］. https：//baike. so. com/doc/6157770 － 6370986. html，2020 － 12 － 10.

续表

阶段	年份	议题及成果
项目实施与功能合作阶段	1997	第七届部长级会议，六国开始制定中长期发展战略，提出了《2020 年长期战略研究报告》
	2001	澜沧江—湄公河商船正式通航
	2001	第十届部长级会议，明确未来 10 年区域经济合作的发展方向，公布 5 个"战略重点"
	2002	《大湄公河次区域未来十年发展战略框架》通过，标志着大湄公河次区域合作的基本框架已完全建立，同意优先实施框架内提出的 11 组旗舰项目
制度建设与全面发展阶段	2002	首次 GMS 领导人会议，六国共同达成了《次区域跨境运输协定》《全面启动湄公河开发计划》《大湄公河次区域政府间电力贸易协定》，次区域合作进入新的阶段
	2005	第二次 GMS 领导人会议，六国围绕便利跨境运输、动物疫病防控、信息高速公路建设和电力贸易合作做出规定
	2008	第三次 GMS 领导人会议召开，提出《经济走廊可持续与均衡发展谅解备忘录》和《实施次区域跨国电力贸易路线图谅解备忘录》，确定了大湄公河次区域经济合作发展 2008~2012 年行动计划
升级合作与战略发展阶段	2011	第四次 GMS 领导人会议，制定《大湄公河次区域经济合作新十年（2012—2022）战略框架》，确定未来十年的战略目标
	2014	第五次 GMS 领导人会议召开，通过区域投资框架执行计划（2014—2018 年），此次会议，国务院总理李克强提出打造中国—东盟合作升级版，随后 2006 年澜沧江—湄公河合作首次领导人会议成功举行，正式启动"澜沧江—湄公河"合作，标志六国合作的动力由"外力驱动"转向"内力驱动"
	2018	第六次领导人会议，通过《2022 区域投资框架》《河内行动计划》，总结 GMS 成立 25 年来成就和经验，探讨下步合作方向
	2020	第 24 届部长级视频会议，审议了《GMS 长期发展战略 2030（草案）》《GMS 应对疫情和恢复经济计划 2021—2023（草案）》，审议通过了《GMS 区域投资框架 2022（更新版）》等文本。会议分析了新冠肺炎疫情对全球和次区域经济社会发展带来的影响，肯定了各成员国守望相助、共同抗疫精神及中国为全球抗击疫情作出的贡献

资料来源：笔者整理（2021）。

大湄公河次区域经济合作经过近 30 年的发展，取得了显著的成效：合作领域不断扩大，包括贸易、投资、能源、农业、交通运输、旅游等经济领域的合作，也包括人力开发、卫生防疫、环境保护等非经济领域的合作，以及禁毒、打击跨国犯罪等非传统安全领域的合作；合作的地理范围也不断扩大，从最初的澜沧江—湄公河沿岸的六国成员，发展成为全部东盟国家积极参与，最开始是中国云南主要参与，发展到中国广西也参与进来，使中国与东南亚国家的合作在地域上不断扩大。

6.1.2　大湄公河次区域经济合作的主要特点

纵观大湄公河次区域发展进程，可以看出其发展主要有以下四个方面的特点：

第一，地理区位邻近是大湄公河次区域经济合作开展的前提。GMS 最初包括澜沧江—湄公河沿岸的中国、缅甸、老挝、泰国、柬埔寨和越南六国，这些国家地理位置邻近，运输成本低，信息沟通灵活，是合作开展的前提。

第二，大湄公河次区域经济合作的参与主体范围广阔，为次区域经济发展提供了支持。大湄公河次区域经济合作是开放性而不是排他性组织，参与其中的主体层次多样，有最初的倡议方亚洲开发银行，也有澜沧江—湄公河沿岸六国的中央政府与地方政府，各国私营部门以及非营利组织，东盟以及其他国际组织和国家，例如世界银行、石油输出国组织、日本国际合作银行、北欧开发基金等众多国际组织和投资机构提供了联合资助。大湄公河次区域经济合作既有官方的政府组织加入，也有非官方的民间组织参与，这是其他次区域性合作不可比拟的，是大湄公河次区域合作的一个优势特色。

第三，多层次的合作组织是推动大湄公河次区域经济合作有效进行的巨大助力。在大湄公河次区域经济合作框架下主要有四个重要的合作组织：第一个层次是"大湄公河次区域经济合作"，这是大湄公河次区域经济合作中最重要的合作开发机制，由亚行作为合作的牵头方和资助方，六国参加，共同推动完善该地区的基础设施建设，提升贸易合作与投资合作的水平；第二个层次是"东盟—湄公河流域开发合作"，旨在将东盟与湄公河流域地区经济联系起来，形成扩大的经济增长圈，同时确定了基础设施、投资与贸易、矿业、农业、工业及中小企业发展、人力资源开发、旅游等八大合作领域；第三个层次是"湄公河委员会"，旨在对整个湄公河区域的水资源等相关资源进行开发管理，以及对整个流域的开发统筹规划并展开实施；第四个层次是"中、老、缅、泰'黄金四角'地区经济开发合作"，致力于建设中国西南通向中南半岛的陆上通道和经济走廊，促进区域内的经济发展。

第四，稳定的运行机制为大湄公河次区域经济合作提供了有效保障。大湄公河次区域经济合作领导人会议是 GMS 的最高决策机构，从 2002 年开始，每三年举办一次，至今已举办六届，每次会议成果颇为丰富，第七次领导人会议 2021 年将在柬埔寨进行；大湄公河次区域经济合作部长级会议是 GMS 常设的磋商、协调、决策机制，从 1992 年开始，已经召开 24 届部长级会议。

6.2 "新—柔—廖成长三角"合作

6.2.1 "新—柔—廖成长三角"合作历程

东南亚地区构建的第一个区域合作框架就是"新—柔—廖成长三角"。1989 年，新加坡副总理吴作栋提出建立"成长三角"的构想，建议在新加坡、马来西亚的柔佛州、印度尼西亚寥内群岛中的巴旦岛之间相毗邻的三角地区开展经济合作，充分发挥三个地区的比较优势，合理配置资源，促进地区经济合作和发展。随后的 1990 年，成长三角开始进入实施阶段，因为新加坡与印尼的合作范围大大超过巴旦岛的范围，扩展到寥内群岛的其他岛屿，如民丹岛、可里曼岛等，所以成长三角又被称作为"新—柔—廖成长三角"。①

"新—柔—廖成长三角"成立后，三国政府出台了相应的措施推动一系

---

① 曹云华. 东南亚次区域：新柔廖三角的形成与发展 [J]. 国际贸易问题，1995（8）：50 - 55.

列项目的落实。新加坡经济发展水平高，但是土地价格昂贵，劳动力价格也高，主要负责提供资金、技术、管理经验等，发展资金密集型和技术密集型产业；柔佛州是马来西亚最发达的州之一，柔佛政府制定规划，提出 2000 年把柔佛建成一个新兴工业化州，然后吸引外资，建成外国投资中心；廖内省是印度尼西亚各省中自然资源最为丰富的一个省，石油、农业、林业资源丰富，负责提供劳动力、土地、资源，发展劳动密集型产业。"新—柔—廖成长三角"在资源配置、工业布局、资本流动、跨境劳务和跨境旅游方面取得了一定的成绩。三方合作为新加坡解决了淡水、食品、天然气等资源的供应以及劳动力的提供，新加坡则为柔佛和廖内提供了先进的基础设施、金融资本、管理技术等，一大批工业园区和自由贸易区在柔廖两地建立，实现了新加坡工业的转移。据统计，1994 年，柔佛境内有 16 个工业园区在运营，还有另外 12 个园区在规划中，其中毗邻柔佛港和新加坡的巴西古当（Pasir Gudang）是柔佛运作最成功的工业园区和自由贸易区。1992 年，总投资超过 2 亿美元的巴旦工业园成立，由新加坡和印度尼西亚共同出资控股。"新—柔—廖成长三角"的总面积只占新加坡、马来西亚、印度尼西亚三国总面积的 0.9%，人口只占 2.29%，但是在 1995~2003 年间，成长三角共吸引外资 579.53 亿美元，占新加坡、马来西亚、印度尼西亚三国吸收外资总额的 38.89%，这样吸引外资的成效可以说是成长三角合作的结果。①

6.2.2 "新—柔—廖成长三角"合作的主要特点

整体来看，"新—柔—廖成长三角"是由新加坡主要推动、马来西亚和印度尼西亚积极响应，三国之间的经济联系并不是均衡发展，新加坡和柔佛之间的经济联系远远强于新加坡和廖内之间的联系，而柔佛和廖内之间的经济联系较少。柔佛和廖内两地的发展速度不及新加坡，新加坡对周边经济的拉动作用尚未充分发挥。② 通过"新—柔—廖成长三角"的发展历程可以看

① 李皖南. 东盟南增长三角：东盟次区域经济合作的典范 [J]. 中国 – 东盟博览，2007（6）：24 – 26.

② 徐晓东，杨永平. "新柔廖成长三角" 新思考 [J]. 东南亚纵横，2017（5）：15 – 23.

出，该成长三角主要呈现以下特点：

第一，地缘邻近、经济互补是开展合作的重要前提。新加坡和柔佛州新山市之间由长约 2000 米的堤道连接，每天都有很多人跨越国境上班和回家；廖内群岛的巴旦距离新加坡只有 20 公里的距离，乘坐高速船 30 分钟即可到达，通行非常方便。新加坡基础设施完备、资金雄厚、技术先进，而劳动力和土地资源缺乏，柔佛和廖内则自然资源丰富，市场巨大，但开发的技术缺乏、资金不足，区域之间合作的互补性较强。

第二，成长三角对外开放程度较高。不仅对区域内的国家开放，还对非成员国开放，不具有排他性，吸引了大量来自区域外的投资。从 1995～2003 年间成长三角投资来源国来看，区域外资本是主要来源，其中美国、日本、欧盟的投资分别占到 "新—柔—廖成长三角" 吸引外资总额的 29.63%、17.85% 和 16.87%。

第三，三国政府的经济组织与协调是成长三角发展的重要助推力。新加坡政府坚持加强与马来西亚和印度尼西亚两国政府的沟通，与两国领导人保持密切接触，支持柔佛和廖内两地的地方政府与新加坡开展合作，两地地方政府对成长三角积极性极高，柔佛州政府制定了中长期发展规划，加强基础设施建设和大力吸引外资，廖内省政府也制定了 5 年的经济发展规划，目的要把廖内建成印度尼西亚的旅游中心、工业中心、农产品出口中心。

6.3 上莱茵边境区合作

6.3.1 上莱茵边境区合作历程

欧盟的边境区合作始于 20 世纪 60 年代，开始只是小范围的个别边境区的合作，此时欧洲一体化处于初级阶段，各国边界的防御功能占国家发展战略的首要位置，因此各国政府出于安全考虑，并未真正支持边境区开展合作。直至 90 年代以后，欧盟成员国政府对边境区经济合作的态度发生了转变，由最初的担忧转为后来的支持，欧盟的边境区经济合作快速发展，其中上莱茵边境区的经济合作是欧洲跨境区域经济合作的典范。

上莱茵边境区位于莱茵河的上游，德、法、瑞三国在此相邻。上莱茵边境区合作由来已久，早在 18 世纪三国就开始经济合作。由于受到两次世界大战的影响，三国在边境区的经济合作曾一度中断。二战后随着西欧国家之间的政治关系趋于缓和，区域经济合作环境愈发改善，合作逐步恢复。边境区经济合作首先是由瑞士的巴赛尔地区提出，瑞士山脉数量多，资源缺乏，发展的空间狭小，与周边国家进行区域经济合作是其最实际、最有效的选择。巴塞尔位于瑞士西北的一个角落，受地理条件的影响，其与瑞士其他联邦地区联系困难重重，但巴塞尔是居于德、法、瑞三国交界处的中心城市，为其提出边境区经济合作创造了条件。

6.3.2 上莱茵边境区合作的主要特点

目前上莱茵边境区经济合作已经达到一个较高的水平，归纳起来主要有以下五个特点：

第一，和平稳定的政治环境、开放宽松的经济环境是上莱茵跨境区经济合作的前提。欧洲上莱茵边境区经济合作是在欧盟经济一体化的背景下产生的，是二战后欧洲地缘政治关系改善的产物，是地缘政治关系向地缘经济关系转化的结果。

第二，地理区位是欧洲上莱茵边境区合作的有利条件。上莱茵边境区的德、法、瑞三国相互毗邻，交通运输连通，人员流动便利，交易成本较低，同时各国领土面积狭小，市场容量有限，需要发展跨境经济合作来实现规模经济，扩大市场份额，促进经济的增长与发展。

第三，健全的组织与制度建设是上莱茵边境区合作的制度保障。瑞士的巴塞尔在 1963 年就设立了莱茵地区第一个边境区合作协会，致力于推动上莱茵地区经济、政治以及文化等领域的发展。随后的 1965 年，法国米卢兹也组建了边境区合作协会，最后瑞士和法国在 1991 年将两个边境区合作协会合并，成立了上莱茵边境合作委员会，致力于对上莱茵边境区的调查分析，出版刊物和基础研究成果。1989 年三国首脑共同签署上莱茵边境区合作政府声明书等，这些健全的组织架构，为该地区合作发展提供了保障。

第四，欧盟区域基金（INTERREG）项目支持为上莱茵边境区经济合作提供了物质担保。20 世纪 80 年代末期，欧盟建立了区域基金（INTERREG）项目，支持成员国之间开展经济合作，有效缓解了基础设施差，发展资金不足的困境。INTERREG 支持的项目主要是一些实用性较强的小型软项目，例如建立边境区域信息咨询服务中心、成立三国工程学校等。目前，INTER-REG 项目已成为上莱茵边境区合作的最主要内容，在 INTERREG 的资助下，上莱茵边境区经济合作广度和深度不断加强。

第五，中心城市聚集是上莱茵边境经济区合作的重要助力。瑞士、法国、德国边境吸引了巨大的城市集聚体，人口众多，促进了该区域交通基础设施的建设、工业化的推进以及贸易领域的发展，形成了区域经济发展的"增长极"，进而通过扩散效应，带动周边地区经济的发展。

6.4　美墨边境区合作

6.4.1　美墨边境区合作历程

美墨边境区合作是一个重要次区域经济合作，属于边界两侧经济发展水平差异较大的异质型边境区，是发达国家和发展中国家区域经济一体化的典型代表。美国和墨西哥在历史上冲突严重，1846 ~ 1848 年的"美墨战争"，让墨西哥失去了大片领土，始终对美国心存顾虑，忧心自己在政治、经济、文化等方面过度依赖于美国，两国之间的政治关系，严重遏制了双方在边境地区的经济往来。在 20 世纪 50 年代以前，军事防御是边境地区的主要功能，边界以屏蔽效应为主。墨西哥北部地区与墨西哥政治中心、经济中心相距甚远，经济缓慢发展，致使美墨边境地区经济交往甚少，只存在零星的商品交换，边境区生活物品和食品严重短缺，交通运输设施落后，造成该地区不得不从美国输入食品。1939 年，墨西哥政府在北部边境地区设立自由贸易区，实行特殊的经济政策，允许其从美国进口生活必需品，美墨边界的屏蔽效应向中介效应转化，边境区的防御性功能弱化，美墨自由贸易开启。

20 世纪 60 年代以后，世界经济相互作用，联系更加紧密，生产和投资全球化趋势明显，发达国家开始向新兴工业化国家转移劳动密集型产业，墨西哥针对边境区发展出台了大量积极的扩大国际贸易和吸引外资的便利措施，边境地区贸易的发展以及边境地区的工业化水平日趋提高。在美墨边境地区的经济活动中，最重要的就是出口加工区的出现。1965 年，墨西哥发现美国正在进行产业转移，将劳动密集型产业移出美国，开始实施边境工业化项目（Border Industrialization Program），目的是吸引美国装配业到墨西哥布局，促进边境区的发展并解决高失业率问题。但是墨西哥也担心美国大量资本的进入会使本国经济过度依赖于美国，所以规定了严格的限制，要求装配工厂90% 的工作人员必须是墨西哥人，还规定了工作条件和最低工资水平，所有产品必须从墨西哥出口，墨西哥也为各种所需的设备和原材料以及需要在国外生产的元器件提供免税。[①] 20 世纪中期开始，在墨西哥大约建立了 1500 个外国装配工厂，其中在美墨边境区建立了 90% 左右，这样既可以利用美国的机场、高速公路、银行以及通信设施，又可以利用墨西哥廉价劳动力的优势。边境工业化项目充分发挥了美国和墨西哥边境地区的比较优势，极大地改善了墨西哥边境地区基础设施的建设，提高了边境地区产业能力，改善了边境地区的政策和制度环境、增强了境内外贸易机构的联系，使边境区获得了发展。20 世纪 90 年代，北美自由贸易区建立以后，美墨边境区的合作更加开放，美墨边界的中介效应进一步明显，边境贸易活跃，大规模企业在边境区聚集，国际化大都市在边境区形成，边境区人口逐年增加。

6.4.2 美墨边境区合作的主要特点

美墨边境区的经济合作是北美自由贸易区跨境次区域经济合作的范例。

---

① 劳伦斯・A. 赫佐格，李芳，高春茂. 在全球城市时代的国际化城市结构：美国 – 墨西哥边境大都市 [J]. 国外城市规划，1992（4）：23 – 31.

纵观两国边境地区合作的历史可以发现，美墨边境区发展主要有以下特点：

第一，地缘优势、经济互补是美墨边境区经济合作的前提。美国与墨西哥拥有3200公里的共同边境线，地理位置的毗邻降低了合作的成本，运输便利、信息交换灵通，美国有充足的资金和丰富的技术，墨西哥有大量剩余的劳动力，为开展边境经济合作带来了可能。

第二，美墨边境区合作是边界屏蔽效应向边界中介效应的转化，是地缘政治关系向地缘经济关系发展的结果。美墨边境区合作是建立在墨西哥摒弃与美国历史恩怨的基础上展开的。正是因为墨西哥北部恶劣的自然环境成为美国领土进一步扩张的天然屏障，才使墨西哥免于被进一步侵略的危险。自然资源、资本、技术和劳动力等方面的互补性，是使美墨边境区快速发展的重要因素。

第三，超国家主权的国际机制和组织的建立，是美墨边境区发展的巨大推动力。从1981年开始，美墨两国委员会开始建立对话机制，成为促进两国政治磋商和合作的桥梁。1983年，美墨两国签订了《边界区域环境保护与改善合作协定》，为美墨边境合作奠定正式基础。1992年，美墨管理边界日常事务的超国家组织——边界联络委员会建立。[①] 1994年，北美自由贸易协议开始生效，北美自由贸易区正式成立。2002年美墨签署了扫毒合作和边境安全协定、避免双重关税和简化不动产投资规章议定书，建立贸易、交通安全便利化战略模式，改善边境交通安全，保证两国人员与货物的便捷同行，强化边境安全合作[②]，使美墨边境区合作朝着全方位的方向发展。

6.5　启示与借鉴

次区域经济合作的发展是区域经济一体化发展的结果，通过分析上述四个世界主要次区域经济合作历程和特点可以发现，次区域经济合作得以发展

---

① 姜永铭. 跨国区域经济合作与发展研究 [D]. 长春：吉林大学，2009.
② 墨西哥和美国达成协议强调加强边境安全合作 [EB/OL]. http：//news. sina. com. cn/w/2002 – 11 –27/13436355s. html，2002 – 11 – 27.

一般需要具备以下四个条件：

6.5.1　地缘优势是开展次区域经济合作的必要基础

地理位置邻近是次区域经济合作开展的基础，大湄公河次区域经济合作首先是在澜沧江—湄公河沿岸的中国、缅甸、老挝、泰国、柬埔寨和越南六国间开始的；"新—柔—廖成长三角"合作是在新加坡、马来西亚的柔佛州、印度尼西亚寥内群岛中的巴旦岛之间相毗邻的三角地区开展；上莱茵边境区合作是在莱茵河上游德、法、瑞三国交界处开展；美墨边境区的合作则是在两国接壤的边境地区实施的。地理位置邻近，运输成本低，信息沟通灵活，是合作开展的基础。

中国东北地区与俄罗斯东部地区地缘优势明显，两地毗邻地区的边境线长达 3300 公里，交通较为便利，民俗相近，资源共享十分便利，人员及物资流动的时间和费用相对较低，具备开展次区域经济合作的条件。双方应该积极发挥地缘优势，开展贸易合作、投资合作、能源合作、农业合作、劳务合作、交通基础设施等方面的合作。

6.5.2　经济互补是开展次区域经济合作的首要前提

拥有互补性优势是开展经济合作的根本。大湄公河区域的成员国之间自然资源互补性较强，中国云南水电资源、矿产资源丰富；缅甸森林资源、天然气资源丰富，盛产大米；老挝水能资源丰富、森林覆盖率高；柬埔寨渔业资源、林业资源丰富；越南油气资源、煤炭资源丰富；印度旅游资源丰富，钾盐、萤石等矿产资源名列世界前茅。

中国东北地区与俄罗斯东部地区互补性优势明显，自然资源、人力资源、科技资源等方面互补性强，产业结构存在差异带来产业结构的互补，这些资源方面和经济结构方面的互补性为次区域经济合作的开展奠定了基础。双方应该充分发掘各自的比较优势，扬长避短，增加互动，提升经济合作的深度与广度，带动两地区经济的全面发展。

6.5.3　制度建设是开展次区域经济合作的重要保障

两国跨区域经济合作的目标并不仅是实现两国区域范围内商品自由流动与生产要素自由配置，更主要的是要实现基于制度合作和组织供给下的跨区域经济的全面深度发展。通过世界典型跨国区域经济合作的案例可以看出，制度合作与组织供给是边境区域经济合作开展的有效保障。无论是欧盟边境区的经济合作还是中国与东盟国家在大湄公河区域的合作都是如此。从中可以发现边境区域合作的各成员之间存在不同的政治经济结构、不同的法律条文、不同的发展规划、不同的市场利益、不同的货币制度等。因此，加强制度合作与组织供给是开展次区域经济合作的首要任务，行之有效的制度合作与组织供给也加快了次区域经济合作的进程。

目前，与世界其他区域经济合作相比，中俄两国还缺少有针对性的、长期的合作规划，在一定程度上影响了两国区域经济合作的效果。中国东北地区与俄罗斯东部地区经济合作水平落后于政治互信的高度，计划项目未能及时落实，俄方政策不稳定，投资回报没有保障，所以双方必须在有效的制度安排和合理的组织供给下开展，推动两国区域经济合作从功能化阶段向制度化阶段转化。

6.5.4　共同利益是开展次区域经济合作的根本原因

次区域经济合作开展的根本原因在于合作各方拥有共同的经济利益，次区域经济合作首先在"新—柔—廖成长三角"展开，新加坡是该区域经济合作的倡导者，期望通过区域经济合作，解决劳动力不足、资源短缺的问题。其他次区域经济合作也都是希望利用次区域内的资源、实现资源的优化配置、提高成员方的经济利益。

改革开放后，中国东北地区与俄罗斯东部地区经济合作不断发展，2000年以后在中国东北振兴和俄罗斯东部地区大开发背景下进入快速发展期。随着中国"一带一路"倡议与欧亚经济联盟的对接、"中蒙俄经济走廊"建设的稳步开展、"冰上丝绸之路"建设的推进，两地区的经济合作进入全面发展的阶段，这都是在两国睦邻友好、政治高度互信的背景下展开的。在复杂多变的国际经济形势背景下，无论是中俄两国政府，还是中国东北地区和俄罗斯东部地区的各级政府，都需要从整体国家利益出发，转变观念，在战略高度审视两地区经济合作对两国经济可持续平衡发展的重要意义，联合采取措施发挥顶层引领与调节作用，遵循市场规律转变经营机制，充分发挥自身的优势，有效利用各种资源，提高自身的竞争力，深度融入中国东北地区和俄罗斯东部地区的经济互动中去。

第7章

研究结论与对策建议

7.1 研究结论

通过对中国东北地区与俄罗斯东部地区经济合作现状、合作基础和制约因素以及世界主要次区域经济合作分析后，本书得出主要结论如下：

一是中国东北地区与俄罗斯东部地区在贸易、投资、产业合作等方面获得了较大的发展，能源开发建设、交通基础设施互联互通、金融服务便利化、农业科技合作等方面成果颇丰。但是整体来看，两地区仍然存在合作规模有限、合作水平低、东北各省区与俄罗斯东部地区经济合作水平不均衡、俄方政策不稳定、保障机制不完善、服务贸易发展滞后等问题，经济合作水平落后于政治互信的高度。

二是中国东北地区与俄罗斯东部地区经济合

作拥有充分的合作基础与发展机遇。地缘优势、经济互补优势、发展理念契合是双方开展区域经济合作的前提基础，"一带一路"倡议与欧亚经济联盟的对接、"中蒙俄经济走廊"建设、"冰上丝绸之路"建设也为双方合作带来了新的发展机遇。同时，中国东北地区与俄罗斯东部地区的经济合作受两地区"边缘地域"、俄方人口问题、双方经济发展相对落后以及来自外部激烈竞争等不利因素的制约。

三是世界主要次区域经济合作的经验表明：地缘优势是开展次区域经济合作的必要基础、经济互补是开展次区域经济合作的首要前提、共同利益是开展次区域经济合作的根本原因、制度建设是开展次区域经济合作的重要保障，中国东北地区与俄罗斯东部地区具有开展次区域经济合作的基础条件。

7.2 对策建议

借鉴世界主要次区域经济合作的经验与做法，结合定性分析和定量分析结果，在新常态下，两地区应适应国际经济形势的变化，进一步突破合作阻力，充分发挥各自比较优势，拓展合作空间，以促进两地区经济合作的更多发展，不遗余力继续推进"政策沟通、设施联通、贸易畅通、资金融通、民心相通"的区域大合作格局形成。

7.2.1 强化对话沟通，构建以合作共赢为核心的新型国际关系

中共十八大之后，中共中央提出建立以合作共赢为核心的新型国际关系。十九大报告将相互尊重、公平正义作为新型国际关系的重要内容，提出"构建相互尊重、公平正义、合作共赢的新型国际关系。中国积极发展全球伙伴关系，构建总体稳定、均衡发展的大国关系框架，按照亲诚惠容理念和与邻为善、以邻为伴周边外交方针深化同周边国家的关系，秉持正确义利观和真

实亲诚理念加强同发展中国家的团结合作"①。

中俄两国社会制度不同、意识形态不同、文化文明不同，历史上也曾出现过冲突和对抗事件，但是两国领导和人民，用坚贞不移的实际行动向世界证明了如此差异巨大的两个大国完全有可能走出一条互相尊重、互利共赢的道路。"世界潮流，浩浩荡荡，顺之则昌，逆之则亡；中俄双方把握这美好的早春时节，为两国关系和世界和平与发展辛勤耕耘，必将收获新的成果，造福两国人民和各国人民"②。

7.2.1.1　互相尊重、互相包容和扩大共识

中俄两国应该立足自身发展，尊重各自的主权和领土完整，尊重各不相同的社会制度和发展道路，面对复杂多变的国际安全威胁，双方不能单打独斗，要加强对话合作，谋求集体安全、共同安全。承认世界文明和发展模式的多样化，平等对待，相互借鉴，反对霸权主义和干涉别国内政，维护世界和平与稳定。还要加强中俄双方的人文交流与合作。中俄两国已成功举办了2006年中国"俄罗斯年"和2007年俄罗斯"中国年"活动；2009年的中国"俄语年"和2010年的俄罗斯"汉语年"活动；成功地举办了2012年的中国"俄罗斯旅游年"和2013年的俄罗斯"中国旅游年"，2014～2015年的"青年友好交流年"，2016～2017年互办了"中俄媒体交流年"等。丰富多彩的文化活动，使两国文化领域的交流达到了前所未有的高度，为中俄关系的进一步发展奠定了深厚的文化基础。虽然疫情致使两地区的交流受到影响，但总体发展趋势并未变化。

7.2.1.2　坚持对话，平等协商，互谅互让

中俄关系发展水平不断提升，经济合作层次不断扩大，很重要的一点原因就是双方的关系是建立在平等基础上的。双方主张以平等互谅取代冲突与

---

① 许启启. 中国特色外交伟大实践丰富了"新型国际关系"新内涵［EB/OL］. http：//news. cri. cn/20171125/3be41166－305a－fa43－a6b3－523b9b34c9c2. html，2017－11－25.

② 习近平：建立以合作共赢为核心的新型国际关系［EB/OL］. http：//cpc. people. com. cn/n/2013/0324/c64094－20893314. html，2013－03－24.

对抗，面对国家利益出现分歧的时候，通过对话协商解决分歧，共建和谐社会。2011 年签署的《中俄睦邻友好合作条约》中明确提到：双方在发展中不能以武力相威胁，也不能采取其他威胁手段，遵循《联合国宪章》以和平方式解决两国间的分歧。双方要坚持在对话协商机制基础上，提出问题并解决问题，促使中俄两地区域经济合作取得进一步的成果。

7.2.1.3　平等互利，合作共赢，携手共进

双方要持续构建以合作共赢为核心的经济合作关系。中俄两国作为世界上具有举足轻重地位的大国，也是最大的邻国，零和博弈、以邻为壑的合作框架已远远不适应当今世界经济的发展，反对贸易保护主义，提升投资、贸易便利化水平，充分利用中国东北振兴战略与俄罗斯东部大开发战略实施的历史机遇，可以更好地助力两地区经济的快速发展。

7.2.1.4　战略信任，共同安全，全面合作

目前，中俄两国和中国东北地区与俄罗斯东部地区之间在利益方面具有明显的交集与联系，两国具有建立高度战略信任的强烈愿望，从而为经济合作提供了重要保障，在此基础上，双方要积极在政治军事、生物技术、能源利用、航空航天、农业劳务、医药卫生、投资金融、文化交往等诸多领域深化全方位合作，实现中国东北振兴战略与俄罗斯东部大开发战略的有效对接。可以利用缔结的友好城市，加强双方的互动往来，通过互相走访考察、文化交流等方式，促进两地经济合作的开展。在友好城市经济发展的同时，充分发挥辐射作用，带动沿线交通便利、资源丰富并且有发展潜力的城市发展。

7.2.2　借助"一带一路"建设，拓展合作的领域和层次

"一带一路"建设充分反映了中国东北地区与俄罗斯东部地区深入开展合作诉求，为中国东北地区与俄罗斯东部地区进一步合作明确了方向。

7.2.2.1　充分利用大项目的带动作用

中国东北地区与俄罗斯东部地区经济合作可以分为三个层次：第一层次是大型的合同项目，包括大型基础设施的建设和重要的战略商品的长期合作；第二个层次是一般的民间企业间开展的各种经贸活动；第三个层次是边境地区边民之间的民间经贸活动，合作关系多层次化。

2014 年，《关于近期支持东北振兴若干重大政策举措的意见》，提出应全方位扩大开放，扩大中国东北地区与俄罗斯远东地区的互动，在东北地区实施一批重大合作项目，涵盖能源、矿产资源、制造业等众多领域。

在"一带一路"建设背景下，实现中国东北振兴战略与俄罗斯东部大开发战略有效对接，最重要的任务就是要推动两国间和两地区间大项目的合作。此类项目合作的规模大、合作时间长，影响范围广，示范效应强，可以充分带动中小项目的实施，推动两地区经济的增长。2006 年，两国签署《中华人民共和国和俄罗斯联邦联合声明》，明确指出双方要深化在能源设备制造、高科技和信息技术、航天领域、核能合作、农业机械制造、汽车制造、森林加工等领域的合作，推动大项目的落实。2009 年《俄罗斯远东及东西伯利亚地区同中国东北地区合作规划纲要（2009—2018）》中提出了双方推荐合作的 200 多个重点建设项目，涵盖基础设施建设、采矿、化工、农业、森林加工以及渔业等领域。中俄两国政府始终高度重视大项目的合作，并积极制定政策推进大项目的实施。

2018 年，《中俄在俄罗斯远东地区合作发展规划（2018—2024 年）》中分类细化和严格筛选了中俄在远东地区推进的重点合作项目，包括 12 项跨越式发展区项目，四大类自由港项目，七大类优先发展的领域以及四项战略合作和基础设施项目。大项目是中国东北地区与俄罗斯东部地区经济合作的重要方向，也是深化中俄两国经济合作的强大动力，双方应该积极落实毗邻地区大项目的合作，促使合作的潜能转化为现实的成果，发挥大项目的辐射作用，不断扩大合作的深度和广度，进而促进两个地区快速稳定的发展。

7.2.2.2 创新能源合作模式

能源合作仍然是中国东北地区与俄罗斯东部地区合作的重点。为此，应在基于传统能源进出口的基础上，加快创新驱动，优化能源合作的模式，提升竞争能力。

一是在中国东北振兴和俄罗斯东部大开发的战略背景下，两地区亟待构建互利共赢的能源合作机制，消除"能源附庸论"的影响，通过对话落实双方政府能源合作的意向，制定落实能源合作的具体措施，切实保障能源合作的顺利进行。

二是进一步完善从能源原料合作向能源消费品合作的转变，推进能源生产价值链由低端向高端环节的转化。充分利用产业上下游之间的联系，形成产业发展链条，促进上下游产业的联动发展。合作建立高附加值的油气加工业，拓展在能源运输通道、能源开采机械设备领域的合作。在中国东北地区，辽宁省的原油生产加工能力位于领先地区，在对俄能源合作方面能够充分发挥优势，与俄罗斯能源丰富的东部地区深度开展石油深加工领域的合作，延长能源产业链条，提高生产附加值水平。[①]

三是发展新能源领域的合作。"风能、光伏 + 储能"，将成为中国未来的"新煤炭"；"电池 + 氢燃料"将成为"新石油"；还有"智能电网 + 物联网"技术转化为更灵巧的"新电网"。[②]中国东北老工业基地扩大对新能源、节能技术、环保技术的需求，有助于实现资源型城市转型。

7.2.2.3 深化金融领域合作

2009 年中俄两国元首发表《中俄关于发展新时代全面战略协作伙伴关系的联合声明》，双方一致同意推进政治合作、安全合作、务实合作以及国际协作等重点领域的合作，在务实合作中明确提出"在中俄总理定期会晤委员

---

① 周延丽. 辽宁省对俄务实合作潜力：从互动到联动 从普通贸易到投资合作［J/OL］ht-tp：//www. chinaru. info/zhongejmyw/jingmaotegao/25259_3. shtml，2014－01－08.

② 聚焦能源转型中的合作与创新——2021 国际能源发展高峰论坛走笔［EB/OL］. http：//news. cnpc. com. cn/system/2020/12/15/030019197. shtml，2020－20－15.

会金融合作分委会框架内开展两国政府部门和金融监管部门的合作。中俄金融监管部门将采取措施,提高本币结算在外贸合同中所占的份额,加强银行卡使用、支付系统和保险领域合作,进一步扩大相互投资,支持两国在双方金融市场发行债券,并且还对两国商业银行在扩大代理行网络、机构互设以及创新金融产品方面提供支持"①。

中国东北地区与俄罗斯东部地区都不是经济发达地区,在金融领域的合作还有许多不完善的地方,应该建立一种有效的金融合作机制与风险防范机制,以促进两地金融领域的合作,进而促进中国东北地区与俄罗斯东部地区贸易和投资的发展。

一是政府和相关部门加强沟通,构建多元化的经贸支持服务体系,减少贸易阻碍,改善贸易结构,规范贸易秩序,搭建金融合作交流平台,建立中国东北地区与俄罗斯东部地区金融合作交流机制。

二是要加强协同监管,共同维护中俄金融合作安全。强化各监管主体的共同意识,确定监管界限,中俄金融合作应以政府监管为主体,以行业自律为补充,实现金融全方位的监管,保障跨国资金往来的安全,避免出现跨国融资所特有的外汇风险和国家风险。

三是推动金融机构合作,主要是建立商业银行之间的互信合作,提高交易规范,拓宽合作的领域,畅通本币结算的通道,深化中国东北地区与俄罗斯东部地区银行间的投融资合作,推动东北地区的金融机构"走出去",在俄罗斯东部地区设立分支机构,支持重点领域项目的建设,例如支持中俄科技园区的建设、农业领域的建设以及能源合作领域的开发建设等。

7.2.2.4 强化科技合作

"一带一路"建设的重要内容之一是要加强科技合作,推动科技领域的对外开放,进一步提升科技创新能力。"一带一路"建设为中俄科技合作提供更大的实现平台和资源共享的机会。传统的以货物交换为主的贸易合作发

---

① 中华人民共和国和俄罗斯联邦关于发展新时代全面战略协作伙伴关系的联合声明 [EB/OL]. http://www.xinhuanet.com/world/2019-06/06/c_1124588552.htm, 2019-06-06.

展潜力有限，中国东北地区与俄罗斯东部地区在科技领域开展合作，推动科技创新还有很大的空间。俄罗斯东部地区科技力量雄厚，在生物技术、地质勘探、生物工程、化学工程、航空航天技术方面处于世界领先地位，俄罗斯所拥有的强大的科技优势也是其实现大国崛起的坚强后盾。中国东北地区与俄罗斯东部地区空间毗邻，往来历史悠久，这些构成中国东北地区与俄罗斯东部地区开展合作的天然优势，加强科技协同创新是解决东北老工业基地全面振兴、全方位振兴的一个重要引擎。随着中国东北地区与俄罗斯东部地区经济合作稳定而持续的发展，选择科技合作并创新科技合作的方式是推动中俄科技合作深入发展的关键。双方可以在以下三个方面展开合作：

一是采用技术引进与输出相结合的方式实现产品和技术研发的国际化。中俄两国在科技方面有较强的互补性，随着中国经济的飞速发展，中国在很多领域的科学技术水平已经取得了很大的进步，中国的技术已经具备了输出能力。在重视技术输出的同时，还应该对引进的高新技术给予高度的重视，引进技术的同时消化吸收技术，并提高创新技术的能力。

二是建立联合科技研发中心、共建科技信息平台以及互设研究基地。中国东北地区与俄罗斯东部地区共同建立联合科技研发中心，共同承担科研课题，协同开展项目研究，并推动科研成果产业化，实际应用到生产部门中去。同时，双方还可以共同建立科技信息平台，相互交流科技发展信息，分享科研成果，推动科技进步，加强双方关于科技信息的交流，为科技合作提供更多的机遇。俄罗斯新西伯利亚科技园与黑龙江省哈尔滨开发区签署了互建中俄国际企业孵化器协议，由俄方提供相应的技术支持，中方提供资金，分别在新西伯利亚科技园和哈尔滨开发区开展科技孵化项目，以此来推动高新技术产业化，双方合作的范围广泛，包括了新材料、新工艺、电子、生物医药、机械设备以及零部件等。

三是通过共建科技园区为中国东北地区和俄罗斯东部地区科技合作提供新的发展空间。俄罗斯一直把中国的高新技术开发区作为重要的合作伙伴，把双方共建科技园区作为科技合作的重要方式之一。两地先后建立了黑龙江中俄科技合作及产业文化中心、长春中俄科技园、辽宁中俄科技园等一批科技园，并取得了实质性的成果。长春中俄科技合作园采取"政府推动 + 市场运作＋中俄双方高新技术支持"的运营模式，不断推进科技成果的产业化和市场化的循环发展。

7.2.2.5　推动农业合作

目前，中国东北地区与俄罗斯东部地区农业合作已成为双边关系的一个热点。俄罗斯东部地域广袤，土地资源丰富，但是农业的分布和发展并不平衡，甚至在西伯利亚北部地区少有农业生产。而现代化农业一直都是中国东北地区的支柱产业，两地各自的比较优势和劣势成为中国东北地区与俄罗斯东部地区积极开展农业合作的内在动力。双方应该从以下三个方面积极开展合作：

一是加强农业技术合作，通过先进的技术提高农业生产效率，关注农业领域的创新开发，用现代技术和科学思想发展现代农业，提升农业的整体素质和竞争力。

二是加强科技园合作，吸纳政府扶持资金，加大中国东北地区与俄罗斯东部地区农业产业园的建设，做好园区的基础设施建设，对园区内重点项目给予重点支持，打造国家级科技示范园。

三是努力打造绿色农业，建立食品深加工基地。充分利用中国东北地区农业发展优势，利用俄罗斯东部地区的市场及原料优势，发展绿色产品深加工，提高农产品生产的标准，做无公害的农业，使农业生产规范化。

7.2.3　积极扩大"内联外引"，提升东北地区协调发展水平

7.2.3.1　东北各省区发挥比较优势，协调发展

东北各省区对俄罗斯东部地区合作水平不均衡，黑龙江省与俄东部地区的经济合作最为密切，内蒙古自治区次之，辽宁、吉林两省与俄东部合作空间较大。各省区可以借助"一带一路"北向通道建设的机遇，打破地区的限制，整合东北地区的资源，发挥各自的比较优势，联动发展，选择优势产业建立产业集群，从产业角度打造"增长极"。例如，整合装备制造产业，建

立"装备制造业产业集群",推动重点产业高端化的发展,增加向俄罗斯东部地区装备制造产品的出口;整合能源产业,构建"能源产业集群",助力能源开发绿色化的发展,加强与俄罗斯东部地区能源合作的深度;整合汽车制造产业,打造"汽车制造业产业集群",促进汽车产业高效的发展,提升汽车产业的国际竞争力,促进辽宁、吉林两省对俄东部地区合作的水平。

7.2.3.2 联合国内发达省份和地区共同开展区域经济合作

由于各种原因,中国东北地区与中国东南沿海发达地区相比经济发展水平差距比较明显,俄罗斯东部地区远离俄罗斯的中心,东西部经济发展极不平衡。仅仅依靠两地区内部的土地、资源和劳动等生产要素的比较优势来发展区域经济合作,容易陷入"比较优势的陷阱"。所以两地区的经济合作可以引入域外的资金、技术、管理经验以及开辟更加广阔的市场,将域内外各种优质生产要素有机整合起来,从而进一步促进区域内综合竞争力的培育,带动区域经济的发展。

为了促进两地区经济合作从而推动发展,可以进一步扩大与国内发达省份和城市的合作与交流,广泛联合发达省市的大企业、大集团,利用其资金雄厚和先进技术等优势来解决中国东北地区与俄罗斯东部地区合作中出现的资金短缺、技术落后带来的难题,促进要素的充分流动和生产要素优化配置。扩大对外开放和对内开放,打造开放发展的新高地,发挥共同优势,推动经济高质量开展。

7.2.3.3 积极同域外国家开展合作交流

在"一带一路"框架下,积极开展与"一带一路"沿线国家的经济合作,提升对外开放的水平,充分发挥东北地区城市群的引领效应。除了加强与俄罗斯远东和西伯利亚地区的合作外,还要加强同周边蒙古、朝鲜的合作,加快发展中日韩以及与美国、欧盟等的合作。提升贸易便利化水平,优化营商环境,加大引资力度,推动经济转型,使两地区经济合作和经济发展驶入"快车道"。

7.2.4　提升贸易投资便利化水平，促进合作效率提升

现阶段，中国东北地区与俄罗斯东部地区的经济合作，在贸易投资便利化方面已经取得了一定的成效，但在推进的过程中仍然面临着一系列问题，如基础设施不够完善、海关效率较低等。因此，两地区贸易投资便利化体系需要进一步革新，通过推动港口基础设施建设，营造良好的海关环境等方式，为我国经济增长创造新的驱动力。

7.2.4.1　加快港口基础设施建设

中国东北地区与俄罗斯东部地区贸易投资便利化的首要任务就是加快基础设施建设，为双方扩大对外贸易规模提供重要保障。具体包括：一是加大对交通、能源等基础设施的投资力度，改善公路运输、铁路运输的条件以及港口的建设，提升俄罗斯东部港口以及辽宁主要港口的运作环境，如深水码头、无水港和货物运输通道等，使港口基础设施的功能不断多样化、布局更为科学化；二是加强铁路、公路、航空、海洋等运输设施的联动性，通过开发商品运输合作的电子程序，共享各个运输点的货物信息、跟踪情况等，从而建立起一个巨大的贸易运输体系，有效地避免因特殊情况所造成的经贸风险；三是积极争取"亚投行"等金融机构的资金支持，推动基础设施建设从而促进国家间和地区间的商品流动；四是加强两地区之间要素的流动，先在一些开放程度较高的地区设立"试验田"，然后再根据这些地区的实践经验对开放度较低的地区进行有针对性的改革。

7.2.4.2　创造良好的海关环境

推进中国东北地区与俄罗斯东部地区贸易投资便利化的有效途径是要营造良好的海关环境。海关环境是实现"引进来""走出去"的强力依托，改善海关环境可以有效地减少因手续问题所带来的货物滞留情况，加快货物通关的速度，同时还有利于避免腐败寻租行为所带来的消极影响。一是在对外贸易中，海关最大的阻碍就是检测程序较为烦琐复杂，要提高东北地区与俄

罗斯东部地区贸易便利化水平，双方必须致力于减少海关的通关时间，实现跨境区域合作机制创新，对海关的检测制度进行合理的调控，将每个部门的工作对接起来，实现海关数据的共享。二是推动海关管理的现代化，特别是要将海关与互联网相互结合起来，努力实现通关程序的信息化、透明化和标准化。可以借鉴"网上报关""大通关""单一窗口"等先进的清关经验，简化货物出关所需要的流程，削减不必要的通关手续，建立统一完善的海关信息系统，提高海关部门的行政效率。三是根据海关部门运作的特点建立严格的贸易监督机制，如在海关服务处安置意见箱、开通网络举报通道等途径，防止海关部门工作人员利用职务之便谋取经济利益，建立起一个公正、严谨的海关监督体系，使每一个贸易主体都能够在通关过程中获得平等的贸易待遇，从而加深双方经贸合作关系，提高两国贸易投资便利化水平。

7.2.4.3 营造有利于贸易的制度环境

完善贸易投资制度是中国东北地区与俄罗斯东部地区贸易投资便利化的必然要求。良好的制度环境是国家和地区间进行双边贸易投资的重要保证，能够大幅度地减少贸易投资过程中的纷争和摩擦，提升双方合作的程度。一是贸易投资便利化是一种新型的国家战略，这意味着必须建立和完善一个全新的贸易投资监管体制，制定有利于贸易投资便利化的法律法规及具体细则，同时加强各级组织机构的实施力度，从而使贸易投资便利化的规则真正地落到实处。二是构建贸易投资政策的信息服务平台，使双方的贸易投资信息与世界有效接轨，同时也提高各项政策和措施的公正度和透明度，从而有利于更快地适应快速发展的对外贸易投资环境。三是加强政策交流，提高贸易投资便利化水平。可以通过举办大型的贸易投资协商会议，如贸易投资博览会，有效建立起政府间的制度沟通机制，实现我国东北地区与俄罗斯东部地区在贸易投资战略与政策上的准确对接。

7.2.4.4 促进跨境电商新型贸易发展，打造外贸发展的新动能

鼓励跨境电子商务的发展是推进中国东北地区与俄罗斯东部地区贸易便利化的战略目标。当前，跨境电商已经成为一种新型的贸易模式，更是未来

国际贸易合作的发展方向。成熟的电子商务体系能够有效地提高贸易信息的获取效率，拓宽客户基础，从而减少信息搜寻所带来的交易滞后问题，为两地区建设创造更多的发展良机。

目前，中俄的跨境电子商务以小额消费品的进出口为主，为保障这种碎片化、高频率的跨境贸易要求边境监管设计出一种更为简化的程序来辅助通关：一方面，亟须建立新型电商公共平台，以一个综合性的服务窗口，汇总海关、外汇等机构在运作过程中所产生的有效数据，如货物的进出口信息、申报人的资格证明等，这种网络一体化的运行模式有利于加快跨境电子商务的处理效率，减轻外贸部门的人员负担；另一方面，应加强国家的光纤网络建设，成立专门服务于进出口贸易的网络技术基地，以大数据、云计算等高新技术助推各国的贸易便利化，从而提高互联网技术在对外贸易中的应用程度。此外，还可以鼓励优秀的电商企业不断到国外去开拓业务，学习各国最前沿的互联网技术，促进两地区经济合作的不断发展。

7.2.5 增加互动，加强机制和组织建设

7.2.5.1 基于合作博弈，加强沟通，建立制度安排

中国东北地区与俄罗斯东部地区经济合作实际上是国家间的经济博弈，博弈包括合作博弈和非合作博弈，二者的区别就在于合作博弈是指存在一个对参与主体各方都有约束力的协议，这就要求各参与主体之间通过沟通和协商机制来构建一种制度安排来实现，参与主体受到制度的约束达成有约束力的协议。制度安排既可以对决策行为产生约束效力，也可以避免无序状态，克服冲突、减少欺诈。而且具有规范效应的制度，是决策主体共享的文化，对决策行为具有严格的规范作用。制度安排是两个区域开展经济合作的必要保障，如果缺少稳定、科学的合作制度，持续发展的合作是不可能存在的。因此，中俄两国、两地区间的长期合作还需建立起一个有效的互信合作机制、保障监督机制、利益协调机制，促进区域经济合作的顺利进行。总之，制度的安排与规范是实现中国东北地区与俄罗斯东部地区经济紧密联系不可缺少

的手段，可以让中俄两国间的经济合作在一个相对稳定并可持续的环境下进行，进而实现利益的最大化。

7.2.5.2 扩大区域经济合作主体范围

中国东北地区与俄罗斯东部地区的合作，可以借鉴大湄公河次区域经济合作的做法，设计为由两国中央政府牵头、地方政府响应、企业参与和国际组织资助所组成的参与主体框架。由中俄两国政府作为决策者把握全局，提出战略规划，并提供资金、技术、政策等全方位的支持，两国政府定期会晤，规范管理，促进合作；由中国东北地区的黑龙江、辽宁、吉林、内蒙古以及俄罗斯远东和西伯利亚联邦政府积极全面落实，东北"三省一区"应深化与俄罗斯远东及西伯利亚各州区的友好交往，增进了解、加强互动；由企业积极参与项目的具体实施、推进合作的具体开展。为了更好地吸引多国及各种组织的资金援助，可借鉴欧盟边境区经济合作和美墨边境区经济合作的经验，充分重视国际组织在中国东北地区与俄罗斯东部地区经济合作过程中的重要性，充分发挥亚太经合组织、亚洲开发银行等支持作用。

7.2.5.3 建立超国家的国际机制和组织管理并积极发挥作用

从美墨边境地区合作的经验来看，超国家组织的建立对区域边境合作起了重要的作用。建立一种超国家的国际机制和组织管理，可以行使部分国家主权，避免决策过程中的政治影响，这种超国家组织并不是主权让渡而是一种主权共享。超国家主权组织的建立，有助于推动边境区经济合作的开展。在这方面，中俄两国、两地区经济合作中已经有了良好开端。2016 年 11 月，国务院总理李克强同俄罗斯总理梅德韦杰夫举行第 21 次定期会晤，共同签署中俄联合公报，双方提出建立东北地区和俄远东及贝加尔地区政府间合作委员会，具体负责中俄双方在中国黑龙江、辽宁、吉林、内蒙古和俄罗斯远东及贝加尔地区的合作项目实施问题，将双方合作机制提升至更高水平，中国东北地区和俄罗斯远东及贝加尔地区政府间合作委员会第三次会议在 2020 年 9 月 30 日召开，双方以视频方式对话，围绕投资合作和复工复产、大豆合作和农产品准入、口岸和跨境基础设施合作、地方合作等问题进行了深度交流，达成了多项合作成果。① 下一步应该充分发挥委员会的作用，加强沟通，强化务实合作，监督项目运行，将中国东北地区与俄罗斯东部地区的经济合作落到实处。

7.2.6　推动中俄次区域自由贸易区建立，提升合作自由化水平

自由贸易区是区域经济合作和区域经济一体化发展必然的地域组织选择，振兴东北地区经济和远东、西伯利亚地区的开发是中俄两国重大战略举措，这是两国基于各自经济、政治、社会和安全等多角度进行综合考量的选择。中国东北地区与俄罗斯东部地区发展战略的对接，应该体现在区域贸易合作、投资合作、资源开发合作、科技研发合作、交通运输与基础设施建设合作、劳务合作、旅游合作等各个领域，要使上述众多合作顺利进行并取得经济效益，需要实现贸易便利化、投资便利化以及经济技术合作自由化等。可以通过建立中国东北地区与俄罗斯东部地区的次区域自由贸易区，为双方开展全方位的合作提供优质的环境。为此，要加快自由贸易区建设，把黑龙江、吉林、辽宁和内蒙古东部地区建成我国面向俄罗斯开放的重要桥头堡，加快东北地区与俄罗斯东部地区的经济合作。

7.2.6.1　利用跨境经济合作区扩大中俄边境地区合作范围

20 世纪 90 年代，中国东北地区与俄罗斯东部地区的经贸合作还以贸易合作为主，在双方边境地区开展的区域经济合作中，主要合作形式是建立跨境经济合作区，如中俄黑河边境经济合作区、中俄绥芬河边境经济合作区、中俄珲春边境经济合作区以及中俄满洲里边境经济合作区。在两国边境地区划定一个特定区域，在该地区实行特殊的财政税收、投资贸易等相关优惠政策，允许第三国人员、货物自由进出，各国商家可以在区内进行贸易和投资活动，有效吸引其他国家人员、资金、物流、技术以及信息等在区域内聚集，

---

① 中国东北地区和俄罗斯远东及贝加尔地区政府间合作委员会第三次会议召开［EB/OL］. http：//politics. people. cn/n1/2020/0930/c1001 - 31880312. html，2020 - 09 - 30.

实现经济快速发展。进入新时代，中俄两地区的经济合作，应进一步构建新格局，创新新路径，迈上新台阶。

7.2.6.2 利用自贸区平台，促进中国东北地区与俄罗斯东部地区的合作

自由贸易区是指在国境内关境外设立的，以优惠税收和海关监管措施为手段，以推动贸易自由化、贸易便利化为主要目的的经济特区。以中国东北地区自贸区为基础，深入开展与俄罗斯东部地区在基础设施、新材料、文化旅游、金融服务、信息技术和高端设备等领域的深度合作，建成对俄全面合作的高地和联通国内、辐射欧亚的物流枢纽。并以中国（黑龙江）、中国（沈阳）自由贸易试验区先行先试，积累经验，为中俄自由贸易区成立奠定基础。

7.2.6.3 推动中国东北地区与俄罗斯东部地区次区域自由贸易区建立

为了解决中国东北地区与俄罗斯东部地区经济合作规模有限，贸易结构不尽合理，双方的比较优势没有完全发挥出来，生产要素缺乏自由流动等问题，建立中国东北地区与俄罗斯东部地区次区域自由贸易区是未来的必然选择。

中俄贸易中，商品结构不平衡，俄罗斯东部地区向中国出口的主要是资源型产品，而中国东北地区向俄罗斯东部地区出口的主要是工业制成品，造成这种现象的原因主要是因为中俄双方的产业结构决定的，通过建立自由贸易区，不仅可以实现贸易自由化，还可以实现投资自由化和便利化，中方企业对俄罗斯相关产业进行投资，改善俄罗斯东部地区产业结构，提升俄罗斯东部地区对资源型产品的加工能力，从而改变中俄目前这种贸易结构不均衡的状态。

整体来看，中国东北地区和俄罗斯东部地区在边境地区建立的跨境经济合作区和东北地区建设的自由贸易试验区，已经开始局部贸易投资自由化的试验，为中俄在东北地区和俄东部地区建立次区域自由贸易区奠定了良好的基础。因此，今后可以考虑进一步提高经济合作的层次和水平，直至最终建立中俄自由贸易区。

参 考 文 献

[1] 奥斯特洛夫斯基 Ａ Ｂ，俄罗斯与中国及亚太国家经济互动中的战略作用 [EB/OL]. http://www. chinaru. info/zhongejmyw/jingmaotegao/18464. sht-ml, 2012 - 12 - 27.

[2] 奥斯特洛夫斯基 Ａ Ｂ，马友君. 当代俄中经贸关系问题及前景 [J]. 西伯利亚研究，2011, 38（4）: 10 - 14.

[3] 奥斯特洛夫斯基 Ａ Ｂ，张梅. 俄远东和中国东北经贸关系在丝绸之路经济带中的地位和作用 [J]. 西伯利亚研究，2017, 44（4）: 5 - 8.

[4] 奥斯特洛夫斯基 Ａ Ｂ，程洪泽. "丝绸之路经济带" 框架下中国东北与俄远东经贸规划对接研究 [J]. 西伯利亚研究，2016, 43（3）: 12 - 16.

[5] 曹志涛. 中俄毗邻区域农业互补性合作研究 [J]. 世界农业，2016（3）: 82 - 86.

[6] 陈秀山，张可云. 区域经济理论 [M]. 北京：商务印书馆，2003.

[7] 程亦军. "带盟对接" 将推动中俄地区合作深入发展 [J]. 西伯利亚研究，2018, 45（4）: 17 - 18.

[8] 崔慧永. 振兴东北老工业基地的战略选择 [J]. 对外经贸，2017（11）: 88 - 89.

[9] 崔日明. 东北老工业基地振兴与东北亚区域经济合作互动研究 [M]. 北京：经济科学出版社，2012.

［10］崔万田.东北老工业基地振兴与区域经济创新［C］//辽宁省哲学社会科学成果奖评审委员会办公室.辽宁省哲学社会科学获奖成果汇编［2007—2008 年度］.辽宁省社会科学界联合会,2010：4.

［11］刁秀华.后危机时代辽宁省与俄罗斯地区合作的新机遇［J］.俄罗斯中亚东欧市场,2011（1）：36 - 42.

［12］刁秀华.新时期中俄区域经济合作的新进展与新亮点［J］.财经问题研究,2021（1）：123 - 129.

［13］刁秀华.中俄在俄远东地区开展劳务合作的前景［J］.西伯利亚研究,2002（6）：13 - 16.

［14］刁秀华.中国东北与俄罗斯远东超前发展区对接合作研究［J］.财经问题研究,2018（4）：116 - 122.

［15］丁宝根.中国对俄远东地区农业投资动力、风险及策略［J］.对外经贸实务,2018（12）：76 - 79.

［16］丁辉侠.贸易引力模型的理论研究进展及应用中存在的问题［J］.经济经纬,2009（6）：38 - 41.

［17］丁云宝."一带一路"视域下的新地缘经济观［J］.同济大学学报（社会科学版）,2019,30（2）：35 - 44.

［18］段秀萍.俄罗斯西伯利亚与远东地区经贸市场容量再认识［J］.东欧中亚市场研究,2001（2）：45 - 48.

［19］封安全.俄罗斯远东地区森林资源开发与利用研究［J］.对外经贸,2012（7）：55 - 57.

［20］封安全,孙爱莉.俄罗斯远东地区农业资源开发与利用［J］.西伯利亚研究,2013,40（6）：31 - 33.

［21］高际香.从普京第四任期经济政策着力点看中俄经济合作方向［J］.西伯利亚研究,2018,45（4）：33 - 36.

［22］葛新蓉.俄罗斯远东超前发展：基于区域政策层面的思考［J］.对外经贸,2017（12）：36 - 38.

［23］郭力.俄罗斯东部地区经济发展中的区位因素分析［J］.俄罗斯东欧中亚研究,2013（4）：27 - 35,95.

[24] 郭力. 全面深化中俄战略协作伙伴关系的现实论证 [J]. 西伯利亚研究，2012，39（6）：5－8.

[25] 郭力. 推进黑龙江省与俄罗斯贸易升级的理论性思考 [J]. 俄罗斯学刊，2011，1（2）：29－36.

[26] 郭力. 中俄产业内贸易结构分析 [J]. 西伯利亚研究，2014，41（5）：28－32.

[27] 郭力. 中俄地区合作新模式的区域效应 [M]. 北京：社会科学文献出版社，2015.

[28] 郭力. 中俄东部区域合作新空间 [M]. 北京：社会科学文献出版社，2017.

[29] 郭力. 中俄区域合作的"伞"型模式 [J]. 俄罗斯中亚东欧研究，2007（3）：55－60，96.

[30] 郭力. 中俄区域技术合作升级模式的逻辑论证 [J]. 俄罗斯中亚东欧研究，2010（1）：46－55，96.

[31] 郭连成. 俄罗斯东部开发新战略与东北亚经济合作研究 [M]. 北京：人民出版社，2014.

[32] 郭连成. 俄罗斯东部开发新战略与中俄区域经济合作的进展评析 [J]. 俄罗斯东欧中亚研究，2014（5）：52－60，96.

[33] 郭连成，刘彦君，陈菁泉. 中俄东部地区城市经济联系测度及促进策略 [J]. 财经问题研究，2017（12）：104－109.

[34] 郭连成，周瑜，马斌. 中国东北地区与俄远东地区交通运输网络及城市群空间经济联系 [J]. 东北亚论坛，2017，26（3）：72－83，128.

[35] 郭连成，左云. 中国与欧亚经济联盟国家的贸易效率及潜力研究——基于随机前沿引力模型的分析 [J]. 经济问题探索，2021（3）：100－110.

[36] 和军，张紫薇. 新一轮东北振兴战略背景与重点——兼评东北振兴战略实施效果 [J]. 中国特色社会主义研究，2017（6）：33－41，2.

[37] 江能. 博弈论理论体系及其应用发展述评 [J]. 商业时代，2011（2）：91－92.

[38] 姜振军. 俄罗斯东部地区经济发展研究 [M]. 北京：社会科学文献出

版社, 2016.

[39] 姜振军. 俄罗斯西伯利亚联邦区经济发展态势分析 [J]. 商业经济,
2018 (1): 1-6, 11.

[40] 姜振军. 西伯利亚联邦区经济开发与中俄区域合作 [J]. 西伯利亚研
究, 2012, 39 (6): 14-17.

[41] 姜振军, 赵东旭. "一带一路" 视阈下中国东北与俄罗斯远东地区经济
合作的问题与机遇 [J]. 商业经济, 2019 (4): 1-3, 98.

[42] 焦方义, 陆曼. 中国东北与俄罗斯远东地区协同发展的路径选择 [J].
学术交流, 2019 (8): 84-92, 191-192.

[43] 科尔茹巴耶夫 А Г, 赵欣然. 俄西伯利亚和远东与中国东北在石油领域
的合作前景——俄罗斯在国际石油天然气交易中的利益 [J]. 西伯利亚
研究, 2010, 37 (4): 20-23.

[44] 克留科夫 В А, 托卡列夫 А Н, 王超. 俄中石油天然气领域合作的前景
展望 [J]. 西伯利亚研究, 2016, 43 (4): 39-45.

[45] 克留科夫 В А, 托卡列夫 А Н, 邹秀婷. 西伯利亚地区在发展俄中石油
天然气合作中的作用 [J]. 西伯利亚研究, 2020, 47 (2): 8-15.

[46] 雷丽平, 朱秀杰. 俄罗斯远东地区人口危机与中俄劳务合作 [J]. 人口
学刊, 2011 (5): 66-73.

[47] 李传勋. 俄罗斯远东地区人口形势和劳动力供需问题研究 [J]. 俄罗斯
学刊, 2011, 1 (1): 24-33.

[48] 李传勋. 俄罗斯远东地区中国投资问题研究 [J]. 俄罗斯学刊, 2013,
3 (6): 31-44.

[49] 李静秋. 中国东北地区扩大与东北亚区域合作研究 [D]. 沈阳: 辽宁
大学, 2014.

[50] 李萍. 中国与 "一带一路" 沿线国家贸易潜力和贸易效率及其决定因
素——基于随机前沿引力模型的实证研究 [J]. 国际商务研究, 2018,
39 (5): 5-16.

[51] 李蓉. 俄远东地区投资环境与黑龙江省对俄投资策略 [J]. 西伯利亚研
究, 2011, 38 (4): 28-32.

［52］李同升，黄国胜．俄罗斯西伯利亚人口状况及其地理分析［J］．人文地理，2007（3）：120-124．

［53］李万军，梁启东，郭连强，等．中国东北地区发展报告（2019）［M］．北京：社会科学文献出版社，2020．

［54］李晓如．俄罗斯远东地区与中国东北地区经济合作发展历程及前景展望［J］．对外经贸，2016（9）：7-11．

［55］李新．中俄蒙经济走廊推进东北亚区域经济合作［J］．西伯利亚研究，2016，43（1）：12-22．

［56］李洋．俄罗斯西伯利亚联邦区社会经济状况分析［J］．东北亚经济研究，2018，2（1）：57-70．

［57］梁雪秋．中俄金融合作及未来发展研究［J］．学习与探索，2020（2）：125-130．

［58］林木西，何军，赵德起．东北老工业基地新一轮体制机制创新［M］．北京：经济科学出版社，2018．

［59］刘华芹．开启中俄经贸合作新时代——中俄（苏）经贸合作七十年回顾与展望［J］．俄罗斯东欧中亚研究，2019（4）：59-75，156-157．

［60］刘清才，刘涛．西方制裁背景下俄罗斯远东地区发展战略与中俄区域合作［J］．东北亚论坛，2015，24（3）：84-93，128．

［61］刘清才，齐欣．"一带一路"框架下中国东北地区与俄罗斯远东地区发展战略对接与合作［J］．东北亚论坛，2018，27（2）：34-51，127．

［62］刘清才，王迪．新时代中俄关系的战略定位与发展［J］．东北亚论坛，2019，28（6）：49-62，124-125．

［63］刘显忠．中俄建交70年的历史回顾及今后交往中应注意的问题［J］．俄罗斯学刊，2019，9（4）：58-73．

［64］刘彦君．"一带一路"倡议下的中俄经济合作：新趋势、挑战及应对［J］．国外社会科学，2017（3）：102-112．

［65］刘志中．"一带一路"战略下中俄双边贸易的竞争性、互补性及发展潜力［J］．经济问题探索，2017（7）：95-102，115．

［66］龙盾，陈瑞剑，杨光．"一带一路"建设下中国企业赴俄罗斯农业投资

现状及分析 [J]. 世界农业, 2019 (9): 96 - 103.

[67] 陆曼, 焦方义. 东北振兴与俄罗斯远东开发协同发展的评价研究 [J]. 学术交流, 2020 (8): 105 - 115.

[68] 陆南泉. 中国与俄罗斯远东地区经贸合作战略分析 [J]. 学习与探索, 2013 (2): 92 - 97.

[69] 马博. 俄罗斯 "转向东方" 战略评析——动机、愿景与挑战 [J]. 俄罗斯研究, 2017 (3): 49 - 75.

[70] 马倩倩. 浅析 21 世纪中俄在俄罗斯远东地区的劳务合作 [J]. 商业经济, 2018 (11): 97 - 99.

[71] 马树才. 东北老工业基地经济政策创新体系研究 [M]. 北京: 经济科学出版社, 2011.

[72] 马远, 张瑞. "一带一路" 背景下中国天然气进口贸易效率及潜力分析——基于时变随机前沿引力模型 [J]. 新疆财经, 2021 (1): 70 - 80.

[73] 米军. 中国与欧亚经济联盟国家金融合作发展战略研究 [J]. 财经问题研究, 2019 (1): 66 - 72.

[74] 米纳基尔 ПA. 俄罗斯远东经济概览 [M]. 北京: 中国对外经济贸易出版社, 1995.

[75] 米纳基尔 ПA, 普罗卡帕洛 ОM, 李传勋. 俄罗斯远东地区经济的现状与前景 [J]. 俄罗斯学刊, 2017, 7 (42): 78 - 81.

[76] 牛燕平. 俄罗斯远东地区人口与劳动力资源问题 [J]. 西伯利亚研究, 2004 (6): 14 - 19.

[77] 彭广宇. 中国东北和俄罗斯远东两地产能合作的现状、问题及对策——基于 "一带一路" 倡议 [J]. 价格月刊, 2020 (2): 79 - 83.

[78] 彭亚骏, 崔宁波. 中国东北地区与俄罗斯远东地区农业合作影响因素分析——基于层次分析法 [J]. 黑龙江畜牧兽医, 2017 (12): 5 - 11.

[79] 萨涅耶夫 ЪГ, 李志庆. 《俄中地区合作规划纲要》框架下的能源合作 [J]. 西伯利亚研究, 2014, 41 (6): 7 - 10.

[80] 萨佐诺夫 СЛ, 陈晓. 中俄区域和欧亚交通运输走廊建设分析 [J]. 西

伯利亚研究，2018，45（5）：30 - 38.

[81] 石泽. 俄罗斯东部开发：中俄合作的视角 [J]. 国际问题研究，2017
　　（1）：23 - 32.

[82] 宋周莺，祝巧玲."一带一路"背景下的中国与巴基斯坦的贸易关系演
　　进及其影响因素 [J]. 地理科学进展，2020，39（11）：1785 - 1797.

[83] 谭秀杰，周茂荣. 21 世纪"海上丝绸之路"贸易潜力及其影响因
　　素——基于随机前沿引力模型的实证研究 [J]. 国际贸易问题，2015
　　（2）：3 - 12.

[84] 王小鲁，樊纲，胡李鹏. 中国分省份市场化指数报告（2018）[M]. 北
　　京：社会科学文献出版社，2019.

[85] 王晓菊. 俄罗斯独立三十年：人口危机如影随形 [J]. 俄罗斯东欧中亚
　　研究，2020（5）：66 - 78，156.

[86] 吴世韶. 地缘政治经济学：次区域经济合作理论辨析 [J]. 广西师范大
　　学学报（哲学社会科学版），2016，52（3）：61 - 68.

[87] 项义军，张金萍. 中俄区域经济合作战略对接的障碍与冲突 [J]. 国际
　　贸易，2016（1）：33 - 38.

[88] 新形势下中国对俄罗斯东部地区投资战略及投资风险防范研究课题组.
　　俄罗斯东部地区投资环境研究 [J]. 俄罗斯学刊，2017，7（3）：5 - 17.

[89] 许安拓. 博弈论原理及其发展 [J]. 人民论坛，2012（32）：6 - 8.

[90] 许永继，徐林实. 中俄东部老工业区复兴联动发展研究 [J]. 哈尔滨商
　　业大学学报（社会科学版），2019（3）：106 - 115.

[91] 许永继."一带一路"倡议下中国东北与俄罗斯远东区域经贸合作探析
　　[J]. 学术交流，2019（8）：93 - 103.

[92] 亚历山德罗娃 M B，朱显平，孙绪. 中国对俄投资：现状、趋势及发展
　　方向 [J]. 东北亚论坛，2014，23（2）：11 - 20，127.

[93] 杨慧，李慧秋."一带一路"倡议下中国东北与俄罗斯远东合作研究
　　[J]. 东北亚经济研究，2019，3（3）：22 - 30.

[94] 杨慧. 民国初期中国东北与俄罗斯农业交流的历史考察 [J]. 中国农
　　史，2013，32（3）：45 - 56.

［95］杨莉 ."一带一路"倡议与俄罗斯远东开发战略融合的路径 ［J］. 国际贸易, 2019（12）: 76－82.

［96］杨凌. 浅述中俄毗邻地区的农业合作 ［J］. 俄罗斯学刊, 2014, 4（1）: 48－55.

［97］张弛. 中国东北与俄罗斯东部地区经济合作模式研究 ［M］. 北京: 经济科学出版社, 2013.

［98］张可云. 区域经济政策 ［M］. 北京: 商务印书馆, 2005.

［99］张李昂. 俄罗斯东部发展新战略与中俄区域经济合作研究 ［D］. 长春: 吉林大学, 2018.

［100］张文韬. 云南参与大湄公河次区域合作的经验研究 ［J］. 经济问题探索, 2014（11）: 94－101.

［101］张小稳. 和谐世界理念下的中国新地缘战略 ［J］. 学术探索, 2008（6）: 15－19.

［102］赵立枝. 基于产业互动探索中俄区域合作模式——《中国东北地区与俄罗斯东部地区经济合作模式研究》评介 ［J］. 西伯利亚研究, 2013, 40（4）: 92－93.

［103］朱蓓蓓. 俄罗斯远东地区开发战略与中俄区域合作研究 ［D］. 长春: 吉林大学, 2019.

［104］朱显平. 发挥区位优势推动中俄科技合作 ［J］. 管理观察, 2014（2）: 43.

［105］朱宇, 刘爽, 马友君. 中国－俄罗斯经济合作发展报告（2018）［M］. 北京: 社会科学文献出版社, 2020.

［106］Alexeeva O, Lasserre F. The Evolution of Sino-Russian Relations as Seen from Moscow: The Limits of Strategic Rapprochement ［J］. China Perspectives, 2018（3）: 69－77.

［107］Dmitriy A I. Program of Regional Collaboration between Eastern Part of Russia and Northeast China: Present and Future ［J］. Prostranstvennaa èkonomika, 2014（2）: 149－176.

［108］Efremenko D, Podberezkina O, Sharonova V. Positive Effects of Harmonizing of the Chinese Silk Road Initiative and the Eurasian Integration [J]. Mezhdunarodnye protsessy, 2018, 16 (1): 160 – 176.

[109] Geng Q-G. Dynamic synergies between China's Belt and Road Initiative and the UN's Sustainable Development Goals [J]. Current Sustainable/Renewable Energy Reports, 2021 (1): 1 – 22.

[110] Guan B-J, Ren M-J. A Study on Sub-Regional Economic Cooperation between Northeast China and Eastern Russia [A]. The Northeast Asia Symposium, 2018 (8): 184 – 187.

[111] Новоселова Л В. Российско-Китайское Инвестиционное Сотрудничество: Состояние И Перслектиы [J]. Aziia I Afrika Segodnia, 2013 (1): 58 – 64.

[112] Сазонов С Л. Россия И Китай В Евразийском Транспортном Коридоре [J]. Aziia I Afrika Segodnia, 2014 (10) 21 – 25.

[113] Тарасюк А. Экономический Потенциал Северо-Восточного Китая И Его лияние На Развитие Сотрудничества С Приграничными Регионами России [J]. Problemy Dal'nego Vostoka, 2007 (2): 97 – 107.

[114] Kanaev E. Northeast Asia in Russia's Pivot to the East [J]. Analyses & Alternatives, 2017, 1 (1): 44 – 64.

[115] Kapustina L M, Drevalev A A. Transport Infrastructure Development in the Scope of Economic Cooperation between the Regions of Russia and China [A]. The Northeast Asia Symposium, 2018 (8): 39 – 43.

[116] Lavrikova Y, Andreeva E, Ratner A. Science and Technology Development in Russia and China: Comparative Analysis and the Prospects of Cooperation [J]. Economic and Social Changes-Facts Trends Forecast, 2018, 11 (4): 48 – 62.

[117] Liao J, Guan B. Analysis of Difficulties and Countermeasures of Sino-Russian Economic and Trade Cooperation [J]. North-East Asia Academic Forum, 2011 (11): 255 – 257.

[118] Li F-J, Liu Q-J, Dong S-C. Investment Environment Assessment and Stra-

tegic Policy for Subjects of Federation in Russia [J]. Chinese Geographical Science, 2019, 29 (5): 887 – 904.

[119] Li Y-Q. Sino-Russia Relations Towards Comprehensive and Strategic Cooperation [J]. The Northeast Asia Symposium, 2013, 22 (4): 122 – 127.

[120] Lokshin G M. Asean-China Cooperation: the Key to Peace in South-East Asia [J]. Mirovaya Ekonomika I Mezhdunarodnye Otnosheniya, 2020, 64 (6): 142 – 150.

[121] Lu N-X, Lu S-B, Huang M-F. Sino-Russian Cooperation with Central Asian States in "One Belt-One Road Format" as SCO Development Factor [J]. International Organisations Research Journal, 2018, 13 (3): 113 – 127.

[122] Luzyanin S G. The Present and Future of Russia-China Relations [J]. Herald of the Russian Academy of Sciences, 2020, 90 (1) 9 – 14.

[123] Malle S. Russia and China in the 21st Century. Moving Towards Cooperative Behaviour [J]. Journal of Eurasian Studies, 2017, 8 (2): 136 – 150.

[124] Александрова М. Политика Возрождения Старой Промышленной Базысеверо-Восточного Китая [J]. Problemy Dal'nego Vostoka, 2015 (3): 86 – 94.

[125] Nasir M A, Naidoo L, Shahbaz M. Implications of Oil Prices Shocks for the Major Emerging Economies: A Comparative Analysis of BRICS [J]. Energy Economics, 2018 (10): 76 – 88.

[126] Titarenko M. Strong Relations between Russia and China Are the Basis of Development and Prosperity of Our Countries [J]. Filosofskie Nauki, 2015 (1): 7 – 11.

[127] Yevchenko N N. International Cooperation and Foreign Trade of China and South Russia Conditions and Prospects [A]. The Northeast Asia Symposium, 2017 (8): 48 – 51.

[128] Zhang P-P. International Cooperation in the Russian Oil Industry against the Background of Dynamic Development of Trade between Russia and China [J]. Nauchnyy Dialog, 2017 (7): 188 – 195.

[129] Zhang Q-J. The Stay on Trade Pattern between Northeast China and Russia under "One Belt And One Road" [A]. The Northeast Asia Symposium, 2018 (8): 277 – 279.

[130] Zhang X-J. Promote Economic and Trade Cooperation Between Sino-Russian in Open to the Russian Border [A]. The Northeast Asia Symposium, 2013 (11): 151 – 154.

[131] Zhang X-J. The Basis and Development Ideas of China, Mongolia and Russia Tourism Cooperation [A]. The Northeast Asia Symposium, 2017 (8): 34 – 36.

[132] Zhao J-F, Tang J-M. Industrial Structure Change and Economic Growth: A China-Russia Comparison [J]. China Economic Review, 2018 (47): 219 – 233.

[133] Zhao Y-B, Liu X-F, Wang S-J. Energy Relations between China and the Countries Along the Belt and Road: An Analysis of the Distribution of Energy Resources and Interdependence Relationships [J]. Renewable & Sustainable Energy Reviews, 2019 (6): 133 – 144.

[134] Zhou Y-L, Xie H. Sino-Russian Economic and Trade Cooperation under "the Belt and Road Initiative" [A]. Proceedings of the 3rd International Conference on Economics, Management, Law and Education (EMLE 2017) (Advances in Economics, Business and Management Research), 2017, 32 (11): 186 – 189.

[135] Zhu Y, Lin S-H, Zinovevaevgeniia. Research on the Protection and Renewal of the Traditional Settlement Space of the Hezhe Ethnic Group along the "China-Russia Economic Corridor" [A]. Proceedings of the 11th International Symposium on Environment-behavior Studies, 2020 (10): 1881 – 1886.

后　记

　　岁月不居，时节如流，回首全书的写作，心中无限感慨，从迷茫到坚定，从焦躁到平静，有痛苦也有欢乐，有感动更有感恩。在收集资料、反复修改、精细打磨过程中，我不仅收获了丰富的理论知识，熟悉了区域经济学领域前沿问题，更让我收获了不惧艰难、不言放弃的坚强意志。请相信：人间值得！

　　很幸运成为林木西教授的学生，首先感谢恩师林木西教授，对我学习和写作给予的巨大帮助和可贵包容，老师学识广博、高屋建瓴、治学严谨、正直宽容、风趣幽默、循循善诱、睿智敏捷、平易近人，让我受益终身。感谢老师的培养与指导！

　　感谢我的妈妈，和风细雨般的叮嘱，鼓起我前进的勇气！

　　感谢我的爱人和孩子，在我写作期间坚定地站在我的身边，你们满怀期待的目光、默默无语的支持，是我不畏艰难、奋勇前行的动力！

　　书稿的完成，是一段旅程的终点，更是一段新征程的起点，"书山有路勤为径，学海无涯苦作舟"，定当不忘初心，砥砺前行！

　　流年笑掷，未来可期！

李　艳

2022 年 6 月